管理浮動匯率制度下的人民幣匯率趨勢與波動研究

李秋敏 著

摘　要

　　中國於 2005 年 7 月實行人民幣匯率改革，在主動性、可控性、漸進性的原則下，採用以市場供求為基礎、參考一籃子貨幣進行調節的有管理的浮動匯率製度。匯改後的人民幣出現了不同程度的波動，并持續升值。但是進入 2014 年以來，由於國際國內的各種因素影響，人民幣兌美元匯率開始出現貶值，形成雙向波動的局面，人民幣匯率的走勢一波三折，錯綜複雜。因此，人民幣匯率問題成為中國及各貿易夥伴國關注的焦點問題。

　　傳統的匯率理論并不適合當下的匯率研究，尤其是人民幣實行的是有管理的浮動匯率製度，這種匯率製度是中國特色的製度創新，不同於釘住匯率製度以及發達國家的浮動匯率製度，也有別於一般的管理浮動匯率製度，具有更強的可控性。如何體現人民幣匯率製度的管理特徵和浮動特徵并有效把握人民幣匯率的趨勢和波動，需要新的研究角度和研究方法。本書根據匯率均衡理論和外匯干預理論，運用計量方法對人民幣匯率的趨勢和波動進行分析。根據人民幣匯率序列的非線性特徵，利用 k-GMDH 算法分析人民幣匯率的趨勢；引入外匯干預變量改進 GARCH 模型研究人民幣匯率波動；構建最小二乘-核估計的半參數模型，綜合分析人民幣匯率趨勢與波動的變化規律，反應人民幣匯率在現行匯率製度下的管理特徵和浮動特徵。主要包括以下內容：

　　首先，研究了人民幣兌美元匯率的水平序列和波動序列的特徵，包括非正態性、長記憶性、波動的聚集性、非對稱性等，并對以上非線性特徵一一進行驗證。採用 J-B 統計量來檢驗匯率水平序列和匯率波動序列的非正態性，分別用 R/S 檢驗方法和修正的 R/S 檢驗方法檢驗匯率波動序列的長記憶性，并用 GARCH 模型對人民幣兌美元匯率進行波動聚集性檢驗，利用 TGARCH 模型檢驗波動的非對稱性效應。結果顯示人民幣兌美元的匯率水平序列和波動序列存在非正態性特徵，呈「尖峰厚尾」性態，匯率的波動具有長記憶性和聚集性，說明傳統金融理論的有效市場理論和布朗運動將不再成立，匯率的歷史信

息有助於預測未來的匯率趨勢和波動。

其次，基於匯率序列複雜的非線性特徵，利用非參數估計方法構建人民幣匯率趨勢模型并進行估計。非參數估計方法選取了 GMDH 算法和 k 近鄰-GMDH 算法，GMDH 算法是分析非線性複雜系統的有效工具，本書利用 k 近鄰估計改進了 GMDH 算法，并通過數學推理證明了改進模型的優良性質，能更有效地分析人民幣匯率的趨勢。利用實際數據選擇輸入變量和模型結構，實證分析匯改後的人民幣匯率趨勢，實證表明改進的模型能有效反應人民幣匯率的非線性特徵和趨勢，預測效果更好。

再次，引入外匯干預變量改進 GARCH 模型，分析人民幣匯率的波動。根據人民幣匯率的變化特徵，考慮 2008 年全球金融危機對人民幣匯率的影響，將匯改後至 2014 年的匯率數據分為三個子樣本，即 2005—2008 年、2008—2010 年、2010—2014 年，并分別採用 GARCH (p,q) 模型研究了人民幣匯率的波動，其中高階的 GARCH 模型由 GMDH 算法來確定階數和參數。為了維持人民幣的穩定，中國央行採取外匯干預手段抑制匯率的波動幅度。本書在 GARCH 模型中引入外匯干預變量，改進了匯率波動模型，分析人民幣匯率的波動規律和外匯干預對匯率的影響程度和方向。實證分析表明：在改進模型的均值方程中，外匯干預變量的系數顯著為負，匯率的變動方向與干預的方向一致。外匯干預一定程度上可以降低人民幣匯率的升值幅度，但不能完全抑制匯率的升值。在改進模型的方差方程中，外匯干預量的系數顯著為負，表示外匯干預會減少匯率的波動，對波動起到熨平的效果。通過情景仿真分析，結果顯示該模型能夠有效地分析干預政策對匯率波動的影響，并能解釋近一年來的匯率異常波動現象。

最後，構建半參數模型綜合分析人民幣匯率的趨勢與波動。根據匯率均衡理論和外匯干預理論，利用計量分析的方法構造最小二乘-核估計的半參數模型分析管理浮動製度下的人民幣匯率。半參數模型的參數部分選擇對匯率有影響的經濟變量，非參數部分選擇匯率波動。模型融合了匯率趨勢與波動的信息，不僅可以分析人民幣匯率的趨勢變化和波動變化，還能反應趨勢與波動兩者之間的相互影響與作用，綜合反應人民幣匯率趨勢與波動的變化規律。實證結果表明，半參數模型融合了匯率的趨勢與波動的綜合信息，提高了模型估計精度，預測效果優於非參數方法。同時還可以對影響匯率變化的經濟因素進行結構分析，確定各經濟因素對匯率的影響方向和程度，結果與目前的經濟現象一致。

關鍵詞：人民幣匯率；管理浮動製度；GMDH 算法；外匯干預；半參數模型

Abstract

July 21, 2005, the People's Bank of China issued an announcement that China began to implement the reform of the RMB exchange rate. On the principles of initiative, controllability and gradual, China implement managed floating exchange rate regime, based on market supply and demand with reference to a basket of currencies. With exchange rate reform, the RMB began to fluctuate and consistently appreciate. The issue of the RMB exchange rate has become a focus problem concerned by China and the trade partners.

The traditional theories about exchange rate are not suitable at present. The managed floating exchange rate system of RMB is different from the floating exchange rate system of developed countries. How to reflect the floating and the management of the exchange rate system, how to effectively grasp the trend and fluctuation of the exchange rate, there need new perspectives and methods to study the exchange rate. In this dissertation, the nonlinear characteristics of the RMB exchange rate series are examined. The nonparametric methods are used to estimate the exchange rate trend. Semi-parametric models reference exchange rate equilibrium theories and intervention theories are constructed to study the change of exchange rate under managed floating exchange rate system. This dissertation mainly includes the following contents.

Firstly, I studied the characteristics of the prices series and volatility series of the RMB exchange rate, including non normality, long memory, volatility clustering, asymmetry and so on. The J-B statistic is used to test the non normality of the price series and the volatility series of the exchange rate. The R/S method and the modified R/S method are used to test the long memory of the volatility series of the exchange rate. The GARCH models are used to test the volatility clustering of the exchange rate. The TGARCH model is used to test the asymmetry of the exchange rate. The test results showed that the RMB exchange rate series have the nonlinear characteristics, including 「fat tail」 distribution, long memory and volatility clustering. This indicated that the traditional financial theories such as efficient market theory and the Brown campaign will no longer be established. The historical informations of the exchange rate can help to predict the trend and the fluctuation of the future exchange rate.

Second, nonparametric estimation method was used to study the trend of RMB exchange rate based on the nonlinear characteristics of the series. The nonparametric estimation methods are the GMDH algorithm and the GMDH algorithm based on K nearest neighbor estimation. The GMDH algorithm and the modified GMDH algorithm can minimize the error came from artificial setting. The empirical results show that the nonparametric estimation method can well fit the trend of RMB exchange rate.

Third, according to the characteristics of the change of RMB exchange rate, the sample since the reform began to 2013 is divided into three sub samples. GARCH(p,q) models are used to study the fluctuation of RMB exchange rate. The order and the parameters of high order GARCH model are determined by GMDH algorithm. China central bank regulated the range of floating of RMB through foreign exchange intervention. This dissertation studied foreign exchange intervention of RMB under managed floating exchange rate regime. The GARCH model is used to analyze the effectiveness of foreign exchange intervention. The results show that foreign exchange intervention is effective on stabilization fluctuations of the RMB exchange rate.

Finally, in order to describe the management factors and the floating of RMB exchange rate, semi-parameter model is constructed to estimate the trend and fluctuation of RMB exchange rate. The economic variables which impact on the exchange rate are chose to constitute the part of parameters according to the equilibrium theories and intervention theories of the exchange rate. The non parametric estimations are used to reflect the rules and characteristics of the exchange rate. The semi-parametric model is LS- kernel estimation. The empirical analysis shows that the predicting effects of LS-kernel estimation model are best among these models.

Keywords: RMB exchange rate, managed floating exchange rate regime, GMDH, foreign exchange intervention, semi-parameter model

目　錄

1　緒論 / 1

 1.1　研究背景及意義 / 1

  1.1.1　研究背景 / 1

  1.1.2　問題的提出 / 4

  1.1.3　研究意義 / 9

 1.2　研究思路與研究內容 / 11

  1.2.1　研究思路 / 11

  1.2.2　研究方法 / 11

  1.2.3　研究內容 / 12

 1.3　創新點 / 15

2　相關理論方法及文獻綜述 / 16

 2.1　人民幣匯率製度發展沿革 / 16

  2.1.1　1979—2005 年的人民幣匯率製度沿革 / 16

  2.1.2　2005 年至今的人民幣匯率製度 / 17

 2.2　匯率決定理論與匯率均衡理論綜述 / 19

  2.2.1　匯率製度沿革 / 19

  2.2.2　傳統匯率理論 / 21

  2.2.3　匯率均衡理論 / 25

2.3 半參數估計研究綜述 / 30

    2.3.1 參數模型 / 30

    2.3.2 非參數模型 / 31

    2.3.3 半參數模型 / 38

2.4 本章小結 / 41

3 人民幣匯率趨勢與波動的特徵及檢驗 / 43

3.1 人民幣匯率趨勢的特徵及檢驗 / 43

    3.1.1 非正態性 / 44

    3.1.2 非正態性檢驗 / 45

3.2 人民幣匯率波動的特徵及檢驗 / 49

    3.2.1 波動的長記憶性 / 49

    3.2.2 波動的長記憶性檢驗 / 52

    3.2.3 波動的聚集性 / 53

    3.2.4 波動的聚集性檢驗 / 55

3.3 本章小結 / 59

4 基於 k-GMDH 模型的人民幣匯率趨勢分析 / 60

4.1 引言 / 60

4.2 匯改後的人民幣匯率序列及其預處理 / 61

4.3 人民幣匯率趨勢模型的構建 / 64

    4.3.1 GMDH 算法研究現狀 / 64

    4.3.2 算法結構 / 66

    4.3.3 人民幣匯率趨勢的 GMDH 分析結果 / 67

4.4 人民幣匯率趨勢模型的改進 / 68

    4.4.1 k-近鄰估計 / 68

   4.4.2 基於 k-近鄰估計的 GMDH 算法 / 69

   4.4.3 人民幣匯率的 k-GMDH 分析結果 / 74

 4.5 **本章小結** / 76

5 外匯干預條件下的人民幣匯率波動模型 / 77

 5.1 **引言** / 77

 5.2 **人民幣匯率波動模型的構建** / 78

   5.2.1 人民幣匯率波動序列及數據預處理 / 79

   5.2.2 人民幣匯率波動模型 / 82

   5.2.3 人民幣匯率波動的 GARCH 建模 / 84

 5.3 **外匯干預對人民幣匯率的干預效果仿真研究** / 87

   5.3.1 人民幣外匯干預 / 87

   5.3.2 外匯干預的有效性仿真模型 / 89

   5.3.3 人民幣外匯干預數據及預處理 / 92

   5.3.4 人民幣外匯干預對匯率波動的抑制效應檢驗 / 95

   5.3.5 外匯干預情景仿真分析 / 96

 5.4 **本章小結** / 98

6 基於半參數模型的人民幣匯率趨勢與波動綜合分析 / 100

 6.1 **引言** / 100

 6.2 **人民幣管理浮動製度** / 101

 6.3 **人民幣匯率的趨勢與波動綜合分析模型** / 103

   6.3.1 人民幣匯率的半參數模型 / 103

   6.3.2 影響人民幣匯率的經濟變量 / 104

 6.4 **人民幣匯率的趨勢與波動綜合分析模型實證** / 108

   6.4.1 人民幣匯率及影響變量的數據分析 / 108

  6.4.2 人民幣匯率的半參數估計分析 / 111

 6.5 本章小結 / 116

7 總結與展望 / 117

 7.1 全書總結 / 117

 7.2 今後工作展望 / 119

參考文獻 / 121

1 緒論

1.1 研究背景及意義

1.1.1 研究背景

21世紀是全球化的世紀，世界經濟一體化的趨勢日漸加強，各國之間經濟金融關係的依賴程度不斷加深。匯率作為兩國貨幣的相對價格因而成為維繫國與國之間經濟金融往來的重要紐帶和橋樑。匯率問題一直以來都是經濟金融學領域的一個重要研究課題，尤其在20世紀70年代布雷頓森林體系解體之後，浮動匯率製度取代固定匯率製度成為世界上主要的匯率製度，匯率行為也呈現出越來越複雜化和動態化的特徵。匯率的波動使國際經濟秩序受到威脅，金融市場的穩定受到影響，國際經濟交易中的不確定因素和風險值大大增加。不確定的匯率變化導致各國的外匯管理和貨幣政策受到嚴重的干擾，有的甚至失調，并由此引發貨幣危機，嚴重的還可能演變為危害更大的金融危機。因此，更好地把握匯率趨勢的特徵、掌握匯率波動、捕捉匯率行為的異常，對貨幣當局制定合理的貨幣政策、有效地干預匯率市場并進行準確地調控具有很強的理論和現實指導意義。

目前世界各國採用的匯率製度有多種，按照不同的分類標準，有不同的類別。不過總的來說，可以分為三大類：固定匯率製度、自由浮動匯率製度和中間匯率製度，而中間匯率製度就包括管理浮動匯率製度。管理浮動匯率製度（Managed Floating Exchange Rate）是指一國的匯率水平會隨著市場浮動，但是各國的貨幣當局為了維護本國的經濟利益，使匯率水平與貨幣當局既定的目標保持一致，會採取各種方式不時地干預外匯市場，影響匯率水平。在管理浮動匯率製度下，匯率在貨幣當局既定的目標區間內波動，貨幣當局通過外匯干預影響匯率波動，但這種外匯干預并不存在提前確定的干預標準。事實上，世

上大部分國家都在干預外匯市場，都屬於有管理的浮動匯率製度。

21世紀以來，中國經濟迅速發展，國際貿易順差快速增長，外匯儲備逐年遞增。與此同時，全球經濟逐漸失衡，國際國內形勢導致人民幣匯率升值的壓力增大。2005年7月中國人民銀行宣布在主動性、可控性、漸進性的原則下，實行人民幣匯率製度改革，採用以市場供求為基礎，參考一籃子貨幣進行調節的有管理的浮動匯率製度。2010年6月中國人民銀行宣布在2005年匯改的基礎上繼續進一步推進人民幣匯率形成機制的改革，堅持以市場供求為基礎，參考一籃子貨幣進行調節，按照已公布的外匯市場上的匯率交易價浮動區間，繼續對人民幣匯率的浮動進行動態管理和調節。

2005年7月21日，中國央行宣布實施人民幣匯率改革，人民幣兌美元的匯率從1美元兌8.276,5元人民幣調至8.110,0元人民幣。實行匯改後，人民幣持續升值。2006年1月4日起中國實行「銀行間即期外匯市場上引入詢價交易方式（OTC）」，根據詢價交易方式來制定匯率中間價。中國人民銀行於每個工作日上午9:15根據前一交易日的收盤價公布人民幣外匯的中間價，作為人民幣在外匯市場交易的基準價。除美元之外的匯率中間價，則根據上午9:00國際外匯市場上美元兌歐元、日元和港幣的匯率進行套算。中國人民銀行規定當日銀行間即期外匯市場上，人民幣兌美元交易價的浮動不得超出中間價的0.3%，歐元、日元、港幣等交易不得超出3%。2007年5月18日中國人民銀行宣布，從2007年5月21日起，將當日銀行間即期外匯市場人民幣兌美元交易價的浮動幅度，由0.3%擴大到0.5%。自2005年實行匯率改革以來，人民幣保持升值態勢，由2005年7月22日的8.110,0升至2008年6月17日的6.892,8。2008—2010年由於受到國際金融危機的影響，為了維護人民幣的穩定，維護中國的經濟利益，中國人民銀行採取了較嚴格的外匯干預措施，使得人民幣暫停升值趨勢，匯率穩定在6.8附近。金融危機之後人民幣繼續升值。2010年6月19日，中國人民銀行宣布在2005年的匯改基礎上繼續進一步推進人民幣匯率形成機制的改革，堅持以市場供求為基礎，參考一籃子貨幣進行調節，按照已公布的外匯市場上的匯率交易價浮動區間，繼續對人民幣匯率的浮動進行動態管理和調節，人民幣再次升值。2012年中國人民銀行宣布，從2012年4月16日起，當日銀行間即期外匯市場人民幣兌美元交易價的浮動幅度由0.5%擴大至1%，有利於促進外匯市場的發展，增強了人民幣匯率的彈性，進一步降低了中央銀行對人民幣外匯干預的強度。在此期間，人民幣兌美元匯率持續上升，陸續突破「8.0」「7.0」關口。自從中國央行2005年宣布匯改後至2013年的九年間，除開2008—2010年的金融危機期間，人民幣匯

率持續保持上升態勢，截至2013年12月底，人民幣匯率從2005年啓動改革以來累計上升24.79%。但是進入2014年後，人民幣兌美元匯率出現了貶值，2014年1月初至6月，人民幣兌美元匯率的中間價由6.097下跌至6.171，此後人民幣兌美元匯率反覆波動，2014年11月底，上升至6.160，隨後又再次下跌。從2014年到2015年人民幣兌美元匯率的波動幅度較大，時而升值時而貶值，匯率市場走勢十分複雜。從2005年的匯率改革至今，人民幣匯率價格和波動隨著金融市場的變化而起伏，匯率呈現日益複雜化和動態化的特徵。

與此對應，中國的綜合經濟實力顯著提升，國內生產總值GDP持續增長，2010—2014年，GDP總量超過10億，位居全球第二位。從2005年匯改之後到2014年，GDP的平均年增長率高達10.26%。同時，中國的對外貿易量不斷增長，匯改以來，對外貿易量平均年增長率為16.17%。其中受國際金融危機影響，2009年和2010年的進出口總量有所下降，即便如此，自2009年以來，中國仍然連續四年居全球對外貿易額總量第二的位置，2013年更是成為全球第一貨物貿易大國。伴隨對外貿易量的增加，貿易順差也隨之起落。2005年中國外貿出現超千億美元的順差，此後貿易順差持續上漲。到2009年開始下降，但仍然處於千億美元的高位。2012年起又大幅上升，到2014年時，貿易順差擴大至2,685.9億美元。另一項重要的經濟指標外匯儲備也在這些年呈快速增長，從2005年的8,189億美元到2014年年底的38,430億美元，增幅達3.7倍，總量和增幅都創歷史新高。中國已成功躋身世界貿易大國、經濟大國。

巨大的貿易順差和巨額的外匯儲備促成人民幣的升值，但是截至2014年年底的數據顯示，一方面，由於資本外流、外匯干預、國際國內因素等原因，人民幣目前面臨貶值壓力；另一方面，高額的外匯儲備可能加大央行的對沖成本，引發資產價格的增加，使得經濟增長不均衡，有外匯儲備損失的風險，可能誘發金融的不穩定。由此，人民幣匯率對國內經濟的影響越來越大，對國際經濟的依存度也越來越高。人民幣匯率對國內經濟的穩定發展和國際收支平衡都至關重要，也成為國際社會廣泛關注的焦點。人民幣實行的有管理的浮動匯率製度，在近十年間，對國內經濟結構的優化、抑制通貨膨脹、增加國際貿易競爭力、促進經濟發展都起到了積極的作用。但是面臨日益複雜的國際經濟金融環境，如何維持人民幣匯率的強勢，促進人民幣的國際化，應對目前的貶值壓力，保證經濟的穩定增長，都是嚴峻和迫切需要解決的問題。因此，準確地認識人民幣匯率特徵和把握匯率的走勢方向，具有十分重要的理論和現實意義。

1.1.2 問題的提出

關於人民幣匯率的研究，目前國內主要有人民幣匯率製度研究、人民幣均衡匯率和匯率決定理論的研究，以及採用計量方法進行分析的匯率預測研究。現對這三方面的研究進行梳理和綜述。

1. 人民幣匯率製度研究

關於人民幣匯率製度的研究，包括人民幣匯率製度的選擇、人民幣匯率製度與中國宏觀政策的關係、人民幣匯率製度的宏觀經濟績效等研究方向。國內外的學者都對人民幣匯率製度進行過研究，包括中國的匯率製度、貨幣政策、對外貿易、外匯干預等對中國經濟乃至整個亞洲經濟以及全球經濟的影響和作用。中國的金融體系，有助於將中國與金融危機隔離開來，資本管制可以防止中國金融機構過度借貸國外，有助於保持中國強勁的對外經濟基本面。國內學者齊琦部（2004）[①] 著重研究了人民幣匯率製度。他分析了1994年以來的人民幣匯率製度及其運行的機制，比較了固定釘住匯率製度、目標區匯率製度、有管理的浮動匯率以及浮動匯率製度，認為沒有一種匯率製度是最好的，要根據不同時期不同國家的經濟和金融環境來決定匯率製度的選擇，而中國目前適合有管理的浮動匯率製度。1994年以後中國施行固定釘住匯率製度符合當時的經濟環境，取得了一定的成功，面對新的經濟環境，固定釘住匯率的成本將會增加，但目前中國還不滿足浮動匯率製度所需的條件，目標區匯率製度也存在嚴重的內在不足。因此，有管理的浮動匯率製度比較適合當前的中國。李婧（2009）[②] 分析了中國2005年匯率改革後實行的匯率製度，認為人民幣匯率的穩定性是提高人民幣需求強度的基本條件之一。改革後的匯率製度應保持人民幣匯率的穩定，以便為微觀經濟主體提供穩定的預期；匯率製度應更好地反應國際國內收支變化；并且還應改善外匯市場的條件，為人民幣雙向波動創造條件，這對促進人民幣最終的國際化有重大的意義。劉柏、張艾蓮（2013）[③] 認為現階段中國的經濟具有明顯的區域轉移和過渡性特點，對外經濟呈階梯式增長，因此建議中國可以採用有管理的離散浮動的匯率製度。該製度根據政策需要并隨著時間變化進行調整，短期內發揮市場供需作用，匯率水平由市場決定；長期內政府對匯率水平進行離散式調整迴歸到市場均衡。分別在短期和長

---

① 齊琦部.論中國匯率製度的選擇［J］.金融研究，2004，284（2）.
② 李婧.人民幣匯率製度與人民幣國際化［J］.上海財經大學學報：哲學社會科學版，2009，11（2）.
③ 劉柏，張艾蓮.完善人民幣匯率形成機制的製度選擇［J］.經濟縱橫，2013（8）.

期內根據經濟基本面的區域改變對匯率實施離散型調控，并且根據外匯市場壓力指數的變化進行實證檢驗。結果表明中國 2005 年的匯率製度改革適應現實經濟發展狀況，匯率波動幅度始終處於目標區內，體現了匯率的離散型浮動。黃梅波、王珊珊 (2013)[①] 基於卡爾曼濾波法分析了 2005 年以來的人民幣匯率，研究了人民幣匯率調整參考的一籃子貨幣，分析了各籃子貨幣的權重結構和時變情況，檢驗了人民幣兌美元匯率變化所受到的影響。結論表明現行的參考一籃子貨幣進行調節的人民幣匯率製度其管理浮動的特徵已越來越明顯。白曉燕、唐晶星 (2013)[②] 運用交叉匯率滾動迴歸、多重結構變動模型和引入外匯市場壓力的擴展模型，從匯率與一籃子貨幣的關聯程度和匯率機制的靈活程度，實證研究了人民幣匯率形成機制的動態過程，從長期動態的角度研究人民幣匯率製度的適應性效率。匯改有明顯成效又有顯著漸進性，多貨幣的一籃子貨幣格局已經形成，匯率機制具有一定的靈活性。隨著時間進程，人民幣匯率製度的變遷一方面可能增進了適應性效率，而另一方面也可能造成效率的損失。今後人民幣匯率製度改革應考慮可持續發展，同時要加強相應的配套改革措施，提高製度改革與經濟變化相適應的變遷效率。

2. 人民幣均衡匯率和匯率決定理論

中國人民銀行於 2005 年 7 月宣布實行人民幣匯率製度改革，在此之前，中國實行的是固定釘住匯率製度，利用匯率改革理論和匯率決定理論研究人民幣匯率意義不大。2005 年匯改之後，開始出現大量關於人民幣均衡匯率的研究，包括購買力平價理論、利率平價理論和均衡匯率理論等，選擇影響人民幣匯率的經濟變量有經濟增長率、勞動生產率、工資收入、稅收、企業利潤、利息、固定資產折舊、美元匯率的變化率、商品的相對價格、國內外利率差、外債餘額對收入的比值及國內貨幣供應量等。

周青、宋福鐵 (2006)[③] 基於購買力平價理論，引入了可支配收入因素，建立了相對收入購買力平價理論，通過美元歐元匯率的實證結果表明，相對收入購買力平價模型對匯率的估計效果明顯好於購買力平價模型。將該模型運用於人民幣對美元的匯率，結果發現現階段人民幣的幣值的確被低估了，但低估

---

① 黃梅波，王珊珊. 人民幣事實匯率製度研究：基於籃子貨幣權重的經驗分析 [J]. 世界經濟研究，2013 (9).
② 白曉燕，唐晶星. 匯改後人民幣匯率形成機制的動態演進 [J]. 國際金融研究，2013 (7).
③ 周青，宋福鐵. 匯率決定理論新研究——相對收入購買力平價理論 [J]. 上海金融，2006 (11).

的幅度并不像歐、美等國所聲稱的那樣大。Wang, Hui, Soofi (2007)① 基於行為均衡匯率理論 (BEER), 使用 Johansen 協整技術, 估計人民幣的長期均衡與實際有效匯率的錯位。均衡匯率模型選擇的解釋變量有貨幣供應量、中國央行持有的外匯儲備以及中國的國內生產力水平。研究的實證結果表明人民幣匯率圍繞其長期均衡匯率在波動且波動的幅度在縮小, 中國的匯率政策對貿易順差發揮了重要作用。楊長江、鐘寧樺 (2012)② 應用購買力平價理論來度量人民幣的均衡匯率, 選擇影響人民幣匯率的經濟變量有國內經濟增長率、勞動生產率、工資收入、稅收、企業利潤、利息和固定資產折舊等, 推導了人民幣均衡匯率方程, 測算了匯改後人民幣的均衡匯率和匯率錯位, 結果表明人民幣不存在被嚴重低估的情況。嚴太華 (2015)③ 基於非抵補利率平價理論, 建立了行為均衡匯率理論模型研究人民幣匯率水平, 檢驗和分析中美兩國利率差異和人民幣兌美元匯率的變動, 探討利率平價理論對於人民幣匯率研究的局限, 從而分析了人民幣匯率偏離利率均衡的原因, 利用 1997—2013 年人民幣匯率數據, 實證分析了均衡匯率水平和失調程度, 同時還建立了誤差修正模型來分析各個變量對於人民幣匯率水平的短期影響, 以及人民幣匯率系統自身的誤差。通過匯率決定理論和均衡匯率理論對人民幣匯率的研究, 可以看到均衡匯率對制定現實匯率、判斷現實匯率是否合理有著重要的作用, 由於人民幣匯率的形成與調節缺乏均衡匯率, 容易使中央銀行對匯率的管控陷於被動, 容易受金融危機的影響。人民幣匯率製度的改革, 應結合中國實際經濟環境和市場運行的情況。對人民幣匯率的研究應探索適合人民幣匯率的決定理論, 探討影響決定人民幣匯率的因素, 并提出完善人民幣匯率製度改革的政策建議。

3. 基於計量分析的匯率預測研究

基於計量分析的匯率預測研究就是根據匯率的歷史表現, 利用計量分析技術對匯率序列進行預測分析。由於眾多的研究表明匯率決定理論和匯率均衡理論對匯率變化不能準確地刻畫和描述, 同時匯率時間序列具有顯著的非線性和非平穩特徵, 傳統時間序列預測模型如線性迴歸模型等, 很難捕捉時間序列的非線性特徵, 而非線性迴歸和時間序列的隨機遊走過程對匯率的預測效果更好, 因此大量的非參數非線性計量經濟模型被用於匯率的預測。預測方法有隨

---

① Wang Y, Hui X, Soofi A S. Estimating renminbi (RMB) equilibrium exchange rate [J]. Journal of Policy Modeling, 2007, 29 (3): 417-429.
② 楊長江, 鐘寧樺. 購買力平價與人民幣均衡匯率 [J]. 金融研究, 2012 (1).
③ 嚴太華, 程歡. 1997—2013 年人民幣均衡匯率失調程度的實證研究 [J]. 經濟問題, 2015 (1).

機遊走模型（RW）、自迴歸移動平均模型（ARIMA）、自迴歸條件異方差模型（ARCH）、廣義自迴歸條件異方差模型（GARCH）、神經網路、小波分析、混沌理論、遺傳算法等。

　　Hsieh（1989）[①] 早期研究了 ARCH 模型和 GARCH 模型在匯率預測中的應用，通過對五種貨幣的匯率數據進行實證，結果表明 ARCH 模型和 GARCH 模型能夠描述匯率的波動情況，可以消除匯率序列的異方差性，尤其是 GARCH（1,1）模型可以較準確地描繪匯率的波動。其後，大量的學者對匯率採用計量分析方法，研究發現隨機遊走模型在部分匯率研究中效果很好；小波分析在動態的非平穩狀態下是最優的；混沌理論、遺傳算法、神經網路等非線性模型的預測效果優於線性模型；自我激勵閾值自迴歸模型在特定的分段條件下比隨機遊走模型的解釋能力和預測性能更好；支持向量機模型採用結構風險最小化原則替代常規神經網路模型的最小化訓練誤差，可以減少泛化誤差的上限，提高預測精度。

　　通過以上研究可以發現，各種基於計量分析的模型用於預測匯率水平和波動方面各有優勢，同時也各有其應用的約束條件。除了單一的線性或非線性預測模型，為了提高建模的能力和預測的效果，還有學者將模型有機結合成新的預測模型。孫柏、謝赤（2009）[②] 採用多層感知機（MLP）和層反饋網路（RNN2）構建同質神經網路模型，對人民幣匯率進行建模和預測，將不同自由度下的各神經網路模型分別對人民幣匯率進行預測，預測效果存在顯著差異。因此，應該基於匯率序列的特點選擇相應的最優的神經網路預測模型。實證結果表明，層反饋網路模型可以很好地預測人民幣匯率的波動，同質神經網路模型可以很好地捕捉匯率的非線性特徵，預測效果很好。Anastasakis，Mort（2009）[③] 研究了參數模型（基於活動神經元的神經網路）和非參數模型（相似體合成算法）的模型結構及預測性能，將參數的自組織方法和非參數的自組織方法有機地結合起來，綜合模型結合了兩種算法的優點，充分利用了各自的性能，并且改善了樣本外的預測效果，通過美元兌德國馬克匯率的日數據進行實證分析，結果顯示樣本內的擬合效果及樣本外的預測效果均優於單一模

　　[①] Hsieh D A. Modeling heteroscedasticity in daily foreign-exchange rates [J]. Journal of Business & Economic Statistics, 1989, 7 (3): 307-317.

　　[②] 孫柏, 謝赤. 金融危機背景下的人民幣匯率預測 [J]. 系統工程理論與實踐, 2009, 29 (12): 53-64.

　　[③] Anastasakis L, Mort N. Exchange rate forecasting using a combined parametric and nonparametric self-organising modelling approach [J]. Expert systems with applications, 2009, 36 (10).

型。Altavilla, Grauwe (2010)[①] 研究了一系列匯率預測模型，包括線性模型（隨機遊走模型 RW、向量誤差修正模型 VECM)、非線性模型（馬爾科夫轉換自迴歸模型 MS-AR、馬爾科夫轉換向量誤差修正模型 MS-VECM 和指數平滑閾值自迴歸模型 ESTAR）和頻域模型（譜分析模型 SP），同時也提出了一種加權組合預測方法，比較以上模型對匯率的預測效果。結果顯示當長期均衡的偏差很小時，線性模型的短期預測效果較好，當長期均衡的偏差很大時，非線性模型的預測效果更好，同時，將不同的預測模型組合之後會產生比單一的模式更精確的預測效果。熊志斌 (2011)[②] 建立了單整自迴歸移動平均模型 (ARIMA) 融合神經網路模型 (NN) 的人民幣匯率預測模型。新模型充分發揮了兩種模型各自的特點和優勢，結合線性與非線性結構，將匯率時間序列分解為線性自相關主體和非線性殘差兩部分，首先用 ARIMA 模型預測線性主體，然後用 NN 模型估計非線性殘差，通過實證檢驗三種人民幣匯率序列。結果表明融合模型的預測精度高於單一模型的預測精度，說明融合模型在匯率預測方面的有效性，同時這也說明，人民幣匯率市場不符合有效市場假說，通過模型可以對匯率做較準確的預測。Chang (2011)[③] 研究了遺傳算法 (GA)，用於確定匯率預測時變量的最佳權重，將遺傳算法與粒子群優化 (PSO) 和反向傳播網路 (BPN) 組合構造三種模式：GA-GA, GA-PSO, GA-BPN 模型，並比較了這三種模型與傳統的迴歸模型的預測結果。實驗結果表明，GA-GA 模型達到最佳預測性能，并且與實際的數據高度一致。Pacelli, Bevilacqua, Azzollini (2011)[④] 研究了遺傳算法優化的 MLP 神經網路拓撲結構，并將該模型用於預測歐元兌美元的匯率，分析表明人工神經網路模型可以在很大程度上預測歐元兌美元匯率三天的走勢。以上研究表明各種組合模型的擬合效果和預測性能較單一模型有所提高，但也有其適用的條件。

基於以上文獻綜述，發現現有研究存在以下不足：

(1) 目前中國理論界關於人民幣匯率問題的研究大都關注於人民幣均衡匯率，而均衡匯率的研究多是利用線性模型測算均衡匯率，但人民幣匯率的水

---

① Altavilla C, De Grauwe P. Forecasting and combining competing models of exchange rate determination [J]. Applied economics, 2010, 42 (27).

② 熊志斌. ARIMA 融合神經網路的人民幣匯率預測模型研究 [J]. 數量經濟技術經濟研究, 2011 (6).

③ Chang J F. Exchange Rate Forecasting with Hybrid Genetic Algorithms [M]. Agent-Based Approaches in Economic and Social Complex Systems VI. Springer Japan, 2011: 47-58.

④ Pacelli V, Bevilacqua V, Azzollini M. An artificial neural network model to forecast exchange rates [J]. Journal of Intelligent Learning Systems and Applications, 2011, 3 (2): 57-69.

平序列和波動序列均存在非線性特徵，線性的匯率均衡模型不能準確地刻畫和描述匯率變化，用線性模型測算的均衡匯率誤差太大。

（2）管理浮動匯率製度下匯率的管理特徵體現在一國央行為了維持本國貨幣的穩定，而採取相應的外匯干預措施，外匯干預可以熨平匯率的波動，使匯率水平回到設定的變動範圍之內。目前對匯率波動的研究多考慮經濟因素、政治因素、軍事因素、突發事件等對匯率波動的影響，很少將外匯干預變量引入匯率波動模型中，研究外匯干預對匯率波動的影響作用。

（3）基於計量分析的匯率預測研究有多種分析模型和方法，但大多是單獨針對匯率水平序列或匯率波動序列的計量分析，缺少在一個模型中綜合考慮匯率趨勢與波動的相互影響和作用，即同時考慮影響匯率變化的經濟因素和該貨幣國家實行的匯率製度。

針對以上不足，本書針對人民幣匯率序列的非線性特徵，用非參數方法分析人民幣匯率的趨勢；引入外匯干預變量改進 GARCH 模型，研究人民幣匯率的波動；構建半參數模型綜合分析人民幣匯率的趨勢與波動。參數部分選取對人民幣匯率變化有影響的經濟變量及外匯干預量，分析人民幣匯率的管理特徵，非參數部分分析匯率波動的變化規律，分析人民幣匯率的浮動特徵。

1.1.3　研究意義

目前，關於人民幣匯率的研究有多個角度和多種方法。研究人民幣匯率製度的選擇，人民幣匯率製度從釘住美元的固定匯率製度向有管理的浮動匯率製度的過渡，以及將來走向自由浮動的必然趨勢；依據匯率均衡理論和匯率決定理論研究人民幣的實際均衡匯率，包括基本要素均衡匯率理論、行為均衡匯率理論、自然均衡匯率理論、均衡實際匯率理論、利率平價理論和購買力平價理論等；利用計量分析方法預測匯率水平和波動，包括各類線性、非線性、非參數估計方法，以及這些方法的組合模型等。

研究表明，匯率序列具有典型的非線性特徵，計量分析方法能準確把握匯率趨勢與波動的內在結構和變化。本書討論了管理浮動匯率製度下的人民幣兌美元匯率的非線性特徵，包括匯率行為的非正態性、長記憶性和波動的聚集性；基於匯率趨勢與波動的非線性特徵，用 k 近鄰-GMDH 算法分析預測人民幣匯率的趨勢，引入外匯干預變量改進 GARCH 模型，分析人民幣匯率的波動；分析了中國央行外匯干預對人民幣匯率波動變化的影響；構建半參數估計模型探討管理浮動製度下的人民幣匯率系統的內在結構和變化規律，在此基礎上估計匯率的趨勢和波動。

本研究有著以下重要的意義：

首先，本書的研究可以提供分析人民幣匯率趨勢與波動的有效方法。經過多位專家學者的研究，傳統的匯率理論并不適合現行的匯率行為研究，尤其是中國實行的是有管理的浮動匯率製度，不同於發達國家的浮動匯率製度，如何有效把握人民幣匯率的趨勢和波動，需要新的研究角度和研究方法。本書採用半參數模型分析人民幣匯率的趨勢與波動，參數部分基於匯率均衡理論，選擇與匯率水平相關的經濟變量及外匯干預變量，用確定的函數式表示匯率收益率與解釋變量之間的關係和模型的結構，用以描述被解釋變量的變化趨勢。因此，用參數部分給出影響匯率水平變化的因素分析，可以體現人民幣匯率的管理行為；非參數部分則可以表示匯率水平序列隱含的關係，可以對被解釋變量作補充描述和局部調整，因而非參數部分可以把握匯率水平序列的隨機特徵，用以體現人民幣匯率的浮動特徵。

其次，本書的研究有助於貨幣當局制定和調整匯率政策、利率政策及外匯干預策略和措施。人民幣匯率水平的變化與外匯干預量、貿易順差額、人民幣與美元的利率差、國內的物價水平以及貨幣供應量都有著聯繫和相互影響，因此匯率政策的制定和調整與國內經濟以及對外貿易都有著密切關聯。相應地，利率政策外匯干預也與匯率變化息息相關。人民幣的管理浮動匯率製度的管理體現在根據國際收支的平衡狀態來調節匯率的浮動幅度，國際收支包括經常項目、資本項目和外匯儲備等。人民幣的管理浮動匯率製度可以有效地應對國際國內金融市場的異動，防止匯率出現大幅度的波動，防範國際金融市場的投機行為，使匯率向國際收支平衡調整，向均衡匯率調整。現行的匯率製度是根據中國國情制定的，也是當前時期最適合中國經濟發展的匯率製度。因此，把握匯率趨勢及波動的變化，有助於中央銀行制定和調整貨幣政策。

最後，對管理浮動匯率製度下的人民幣匯率研究有助於降低對外經濟活動的風險。隨著中國與國際的接軌，對外經濟活動日益增加，國家的外匯儲備、銀行的外匯業務、進出口企業的對外貿易、個人的出國留學旅遊等跨境資金流動，都與匯率水平及其波動有著緊密的聯繫。中國目前的外匯儲備數額巨大，而且逐年遞增，如果對匯率的波動沒有防範，就可能造成很大的損失。中國是出口型國家，大量的出口企業依靠美元支付，因此匯率的變化對企業的利益有著直接的影響。掌握人民幣匯率趨勢和波動并估計其走勢，可以有效降低跨境資金流動的風險，有利於金融經濟市場的穩定和繁榮發展。

1.2 研究思路與研究內容

1.2.1 研究思路

自 2005 年 7 月人民幣匯率改革以來，中國現行的匯率製度為有管理的浮動匯率製度。中國人民銀行為了維護人民幣的穩定，會根據市場波動採取相應的外匯干預措施，對匯率進行管理；同時人民幣匯率受到國際國內的經濟金融環境影響會在一定範圍內浮動變化。因此在人民幣匯率的研究中，如何體現匯率的管理特徵和浮動特徵，在管理浮動製度下匯率的趨勢和波動如何變化，是本書考慮的主要內容，也是研究思路的出發點。首先梳理匯率理論和匯率製度的發展沿革和研究現狀，由於匯率系統的複雜性，目前沒有一個匯率理論能完全解釋匯率的變化規律，尤其是人民幣匯率的變化趨勢。因此，本書考慮從匯率序列自身出發尋求匯率系統的變化規律。其次，本書討論并驗證了匯率水平序列和匯率波動序列的非線性特徵，基於匯率水平序列的非線性特徵，採用非參數估計方法 k 近鄰-GMDH 算法來分析人民幣匯率的趨勢，估計人民幣兌美元匯率的變化規律，并進行短期預測。由於匯率波動具有長記憶性和聚集性，歷史的匯率波動信息有助於預測未來的匯率波動。中國匯率製度的管理體現在中國人民銀行對人民幣匯率採取的外匯干預措施，因此本書討論了中國的外匯干預現狀，通過引入外匯干預變量改進了 GARCH 模型，用於分析人民幣匯率的波動，并通過情景仿真驗證了外匯干預對匯率波動的抑制效應。最後，構建半參數模型綜合分析人民幣匯率的趨勢與波動。根據匯率均衡理論、外匯干預理論以及匯率時間序列的特徵，利用計量分析的方法構造最小二乘-核估計的半參數模型分析管理浮動製度下的人民幣匯率。半參數模型選擇對匯率有影響的經濟變量，融合了匯率趨勢與波動的信息，綜合分析人民幣匯率的趨勢與波動。半參數模型不僅可以分析人民幣匯率的趨勢變化和波動變化，還能反應趨勢與波動兩者之間的相互影響與作用，還能對影響匯率變化的經濟因素進行結構分析，能綜合反應人民幣匯率趨勢與波動的變化規律。

1.2.2 研究方法

根據大量的文獻研究發現，匯率決定理論和匯率均衡理論并不能完全適用於一國的匯率趨勢和波動研究，同時由於匯率序列呈非線性非平穩特徵，因此本書採用了非參數方法來分析人民幣匯率的趨勢。非參數方法包括自組織數據

挖掘 GMDH 算法及改進的 GMDH 算法。GMDH 算法是神經網路的一個分支，適用於非線性非參數建模，根據數據來選擇輸入變量和模型結構，更加切合匯率序列自身的特徵。而利用 k 近鄰估計改進的 GMDH 算法，通過數學證明，該模型的擬合效果更好，收斂速度更快，更能有效反應匯率的趨勢。

中國的人民幣匯率的管理特徵體現為對匯率的外匯干預，因此引入外匯干預變量改進 GARCH 模型，構建人民幣匯率的波動模型，并驗證外匯干預對匯率波動的影響程度與方向。

中國現行的匯率製度是有管理的浮動匯率製度，既有貨幣當局對匯率的外匯干預，又有匯率基於市場供求的浮動特徵，因此結合參數估計和非參數估計構建半參數模型來綜合分析管理浮動匯率製度下的人民幣匯率。其中，參數部分依據匯率均衡理論以及外匯干預理論，選擇與匯率水平相關的經濟變量，建立函數關係式，體現匯率的管理特徵；非參數部分選擇匯率的波動序列反應匯率系統自身的特點，體現匯率的浮動特徵。半參數模型選擇最小二乘-核估計法，採用二階段估計法。

本書的研究主要採取了金融計量分析方法，依據匯率決定理論、均衡理論和外匯干預理論，結合 GMDH 算法、k 近鄰-GMDH 算法、GARCH 模型以及最小二乘-核估計的半參數估計等模型與算法，充分利用理論與方法相結合構造相關模型，通過理論證明和實證分析，檢驗模型的有效性和實用性。

1.2.3　研究內容

本書的內容安排如下：

第一章，緒論。主要介紹選題背景，研究問題的提出以及研究意義，簡要闡述本書的研究思路、研究方法、全文的結構框架與研究內容以及研究的創新點。

第二章，相關理論方法及文獻綜述。介紹人民幣匯率製度的發展沿革及人民幣匯率的研究現狀；梳理了匯率製度、傳統匯率理論及均衡匯率理論，外匯干預理論等相關理論，為本書的研究提供理論支撐；對本書所採用的非參數估計方法、半參數估計方法進行詳細介紹。

第三章，人民幣匯率序列的特徵及檢驗。選取 2005 年匯率改革之後的人民幣兌美元匯率為樣本，分析了人民幣匯率序列的非線性特徵，包括匯率水平序列的非正態性、匯率波動序列的長記憶性、波動的聚集性、波動的非對稱性等，并針對人民幣匯率非線性特徵進行檢驗。

第四章，基於 k-GMDH 模型構建人民幣匯率的趨勢模型。根據上一章的

結論，匯率序列存在複雜的非線性特徵，因此傳統的線性模型參數方法不再適用，這一章利用 GMDH 算法及改進的 GMDH 算法來研究人民幣匯率趨勢。GMDH 算法是分析非線性複雜系統的有效工具，本書利用 k-近鄰估計改進的 GMDH 算法，并通過數學推理證明改進模型的優良性質，能更有效地分析人民幣匯率的趨勢。利用實際數據選擇輸入變量和模型結構，實證分析匯改後的人民幣匯率趨勢，結果表明改進的模型能有效反應人民幣匯率的非線性特徵和趨勢。

第五章，引入外匯干預變量改進 GARCH 模型研究人民幣匯率的波動。根據匯率波動的長記憶性和聚集性，選用最優的 GARCH 模型來擬合人民幣匯率的波動，其中高階的 GARCH 模型由 GMDH 算法根據樣本自動選擇階數與系數。中國實行有管理的浮動匯率製度，對人民幣匯率的管理體現在中國央行根據國際收支的平衡狀態採取外行干預手段調節匯率的浮動幅度；引入外匯干預變量改進 GARCH 模型，分析人民幣匯率的波動以及外匯干預對人民幣匯率波動的影響程度與方向。實證分析了 2005—2013 年的人民幣外匯干預數據。結果表明：在改進模型的均值方程中，外匯干預變量的系數顯著為負，匯率的變動方向與干預的方向一致。外匯干預一定程度上可以降低人民幣匯率的上升幅度，但不能完全抑制匯率的上升。在改進模型的方差方程中，外匯干預量的系數顯著為負，表示外匯干預會減少匯率的波動，對波動起到熨平的效果。通過情景仿真分析，結果說明該模型能夠有效地分析干預政策對匯率波動的影響，解釋近一年來的匯率異常波動現象。

第六章，構建半參數模型綜合分析人民幣匯率的趨勢與波動。根據匯率均衡理論和外匯干預理論，利用計量分析的方法構造最小二乘-核估計的半參數模型分析管理浮動製度下的人民幣匯率。模型的參數部分包括影響匯率變化的經濟變量以及外匯干預量；非參數部分為匯率的波動。該半參數模型融合了匯率趨勢與波動的信息，不僅可以分析人民幣匯率的趨勢變化和波動變化，還能反應趨勢與波動兩者之間的相互影響與作用，綜合反應人民幣匯率趨勢與波動的變化規律。實證結果表明，根據此模型可以對影響匯率趨勢的經濟變量進行結構分析：外匯干預量、貿易順差額、人民幣和美元的利率差、廣義貨幣發行量對匯率趨勢是正向影響，國內的物價指數是反向影響，說明人民幣兌美元匯率確實受到國內國外一些因素的影響，其中外匯干預具有顯著的正向影響，驗證了人民幣匯率的管理機制。半參數模型融合了匯率的趨勢與波動的綜合信息，提高了模型估計精度，預測效果優於非參數方法。模型可以分析匯率變化的影響因素及匯率波動與趨勢之間的關聯性，能更有效地分析人民幣匯率的趨

勢與波動。

第七章，總結與展望，為本書的總結。

本書的技術路線圖如圖1-1所示。

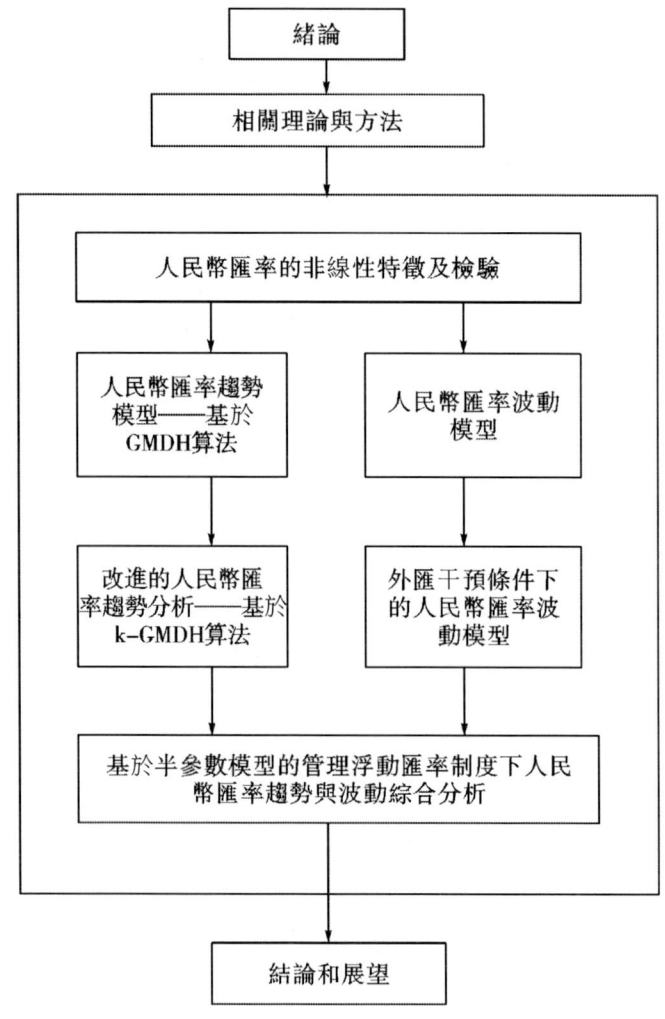

圖1-1　技術路線圖

1.3 創新點

本書的創新點主要有以下三個方面：

（1）人民幣匯率由於受到確定性規律的支配和大量隨機因素的影響，表現出複雜的非線性特徵。本書構建的 k 近鄰-GMDH 算法是分析非線性複雜系統的有效工具，通過數學推理證明改進模型具有優良性質，能更有效地分析人民幣匯率的趨勢。利用實際數據選擇輸入變量和模型結構，實證分析匯改後的人民幣匯率趨勢。實證表明：改進的模型能有效反應人民幣匯率的非線性特徵和趨勢。

（2）通過引入外匯干預變量改進 GARCH 模型，分析人民幣匯率的波動規律。實證分析表明：在改進模型的均值方程中，外匯干預量的系數顯著為負，匯率的變動方向與干預的方向一致。外匯干預一定程度上可以降低人民幣匯率的升值幅度，但不能完全抑制匯率的升值。在改進模型的方差方程中，外匯干預量的系數顯著為負，表示外匯干預會減少匯率的波動，對波動起到熨平的效果。這些結果說明該模型能夠有效地分析干預政策對匯率波動的影響，解釋近一年來的匯率異常波動現象。

（3）根據匯率均衡理論和外匯干預理論，利用計量分析的方法構造最小二乘-核估計的半參數模型，用於分析管理浮動製度下的人民幣匯率。這一模型融合了匯率趨勢與波動的信息，不僅可以分析人民幣匯率的趨勢變化和波動變化，還能反應兩者之間的相互影響與作用，綜合反應人民幣匯率的變化規律。實證結果表明，半參數模型融合了匯率的趨勢與波動的綜合信息，提高了模型估計精度，預測效果優於非參數方法；同時，還可以分析匯率變化的影響因素及匯率波動與趨勢之間的關聯性，更有效地分析人民幣匯率的變化規律。

2 相關理論方法及文獻綜述

本書對管理浮動匯率製度下的人民幣匯率進行研究。考慮人民幣匯率趨勢和波動的特徵，利用非參數估計方法 GMDH 算法及其改進的 GMDH 算法分析匯率趨勢；引入外匯干預變量改進 GARCH 模型分析人民幣匯率的波動，并驗證外匯干預對匯率波動的抑制效應；在管理浮動匯率製度下，構建結合匯率均衡理論、外匯干預理論和匯率時間序列特徵的半參數模型，同時考慮人民幣匯率的管理特徵和波動特徵，綜合分析人民幣匯率的趨勢與波動變化。本章將對全書研究所涉及的理論和方法進行梳理和文獻綜述，包括人民幣匯率製度發展沿革、匯率決定理論和匯率均衡理論、外匯干預理論以及半參數估計方法。

2.1 人民幣匯率製度發展沿革

2.1.1 1979—2005 年的人民幣匯率製度沿革

人民幣匯率製度自 1979 年以來，經歷了一系列的演變過程。改革開放前，由於中國處於計劃經濟時期，人民幣匯率製度屬於固定匯率製度，由國家統一計劃管理，高度集中，并一直處於高估狀態。因此改革開放以後的 1979—1993 年期間，為了配合國內的改革開放，促進經濟的發展，人民銀行下調了人民幣匯率。這個時期的人民幣匯率製度採取的是外匯牌價與貿易內部結算價并行。後來增加了各地的外匯調劑中心的市場匯率價，形成官方外匯價與市場調劑價并存的多重匯率制。

在 1993 年的十四屆三中全會上，中國明確提出了全面建設社會主義市場經濟體制的改革目標，根據改革目標，外匯管理體制也相應地進行了改革。從 1994 年 1 月 1 日起，中國開始實行以市場供求為基礎的、單一的、有管理的浮動匯率製度。改革後，建立了全國統一的外匯市場展開外匯交易，改變了人民

幣匯率長期被高估的狀況，使匯率水平逐漸趨於合理。這一時期的人民幣匯率製度為一種有管理的浮動匯率製度。浮動體現在銀行間外匯買賣價格可以在基準匯率上下 0.3% 的幅度內浮動，兌港幣和日元可以擴大到基準匯率上下 1% 的幅度內浮動。管理則體現在中央銀行規定了銀行間的外匯週轉頭寸限額，同時還實行了公開的市場操作手段來進行干預外匯，穩定外匯市場。1997 年，亞洲金融危機爆發，中國政府為了防範危機的擴散，堅持人民幣不貶值的政策，導致人民幣匯率的浮動幅度縮小。因此，這一時期的匯率製度實際為單一的釘住美元的釘住匯率製度。1999 年 IMF 對匯率製度的分類作部分調整時，將人民幣匯率製度歸為其他傳統的固定釘住匯率制。

2.1.2 2005 年至今的人民幣匯率製度

進入 21 世紀後，隨著中國國內經濟的迅速發展，同時在國際金融體系中，人民幣的地位迅速提升，中國國際收支順差日益擴大，國際社會要求人民幣升值的壓力也日益增加。2005 年 7 月 21 日，中國政府宣布在主動性、可控性、漸進性的原則下，實行人民幣匯率製度改革，採用以市場供求為基礎的、參考一籃子貨幣進行調節的有管理的浮動匯率製度。2005 年 7 月 22 日即將美元兌人民幣匯率由 8.276,5 升至 8.110,0。根據《中國人民銀行關於進一步完善銀行間即期外匯市場的公告》[①]，2006 年 1 月 4 日起中國實行「銀行間即期外匯市場上引入詢價交易方式（OTC）」，根據詢價交易方式來制定匯率中間價。中國人民銀行於每個工作日上午 9:15 公布人民幣外匯的中間價，作為人民幣在外匯市場交易的基準價。除美元以外的貨幣匯率中間價則根據上午 9:00 國際外匯市場上美元兌歐元、日元和港幣的匯率進行套算。中國人民銀行規定當日銀行間即期外匯市場上，人民幣兌美元交易價的浮動不得超出中間價的 0.3%，歐元、日元、港幣等交易不得超出 3%。2007 年 5 月 18 日中國人民銀行宣布，從 2007 年 5 月 21 日起，將當日銀行間即期外匯市場人民幣兌美元交易價的浮動幅度，由上述的 0.3% 擴大到 0.5%。自 2005 年實行匯率改革以來，人民幣保持升值態勢，由 2005 年 7 月 22 日的 8.110,0 升至 2008 年 6 月 17 日的 6.892,8。2008—2010 年由於受到國際金融危機的影響，為了維護人民幣的穩定，維護中國的經濟利益，中國人民銀行採取了較嚴格的外匯干預措施，使得人民幣暫停升值趨勢，匯率穩定在 6.8 附近。金融危機之後，2010 年 6 月 19 日，中國人民銀行宣布在 2005 年的匯改基礎上繼續進一步推進人民幣匯率

---

① 中國人民銀行公告〔2006〕第 1 號.

形成機制的改革，堅持以市場供求為基礎，參考一籃子貨幣進行調節，按照已公布的外匯市場上的匯率交易價浮動區間，繼續對人民幣匯率的浮動進行動態管理和調節。2012年中國人民銀行宣布，從2012年4月16日起，當日銀行間即期外匯市場人民幣兌美元交易價的浮動幅度由0.5%擴大1%。在此期間，人民幣兌美元匯率持續上升，陸續突破「8.0」「7.0」關口，匯率從2010年月21日的6.827,5升至2013年12月31日的6.099,0。自匯改以來，人民幣匯率穩步升值。從中國央行2005年宣布匯改後至2013年的九年間，除開2008—2010年的金融危機期間，人民幣匯率持續保持上升態勢，截至2013年12月底，人民幣從2005年啟動改革以來累計升值24.79%。但是2014年後，由於資本外流、外匯干預、國際國內政治、經濟等因素，人民幣面臨貶值壓力，人民幣兌美元匯率呈小幅貶值趨勢，出現了反覆的波動。2014年1月初至6月，人民幣兌美元匯率的中間價由6.097下跌至6.171，此後人民幣兌美元匯率反復波動，2014年11月底，上升至6.160，隨後又再次下跌。2014—2015年人民幣兌美元匯率的波動幅度較大，時而升值時而貶值，匯率市場走勢十分複雜。

與此對應，中國的綜合經濟實力顯著提升，國內生產總值GDP持續增長，截至2014年，GDP總量位居全球第二位；中國的對外貿易量不斷增長，2013年更是成為全球第一貨物貿易大國；伴隨對外貿易量的增加，貿易順差也隨之持續上漲；另一項重要的經濟指標外匯儲備也在這些年呈快速增長，到2014年年底增幅達3.6倍，總量和增幅都創歷史新高。巨大的貿易順差一直支撐著人民幣的穩步升值，但是截至2014年年底數據顯示，由於資本外流、外匯干預、國際國內因素等原因，人民幣面臨貶值壓力；此外，高額的外匯儲備可能加大央行的對沖成本，引發資產價格的增加，使得經濟增長不均衡，有外匯儲備損失的風險，可能誘發金融的不穩定。由此，人民幣匯率對國內經濟的影響越來越大，對國際經濟的依存度越來越高。人民幣匯率對國內經濟的穩定發展和國際收支平衡都至關重要，也成為國際社會關注的焦點。人民幣實行的有管理的浮動匯率製度，在近十年間，對國內經濟結構的優化、抑制通貨膨脹、增加國際貿易競爭力、促進經濟發展都起到積極的作用，但是面臨日益複雜的國際經濟金融環境，如何維持人民幣匯率的強勢，促進人民幣的國際化，以及如何面對目前的貶值壓力，保證經濟的穩定增長，都是嚴峻和迫切需要解決的問題。因此，準確地認識人民幣匯率特徵和把握匯率的走勢方向，具有十分重要的理論和現實意義。總的來說，人民幣匯率施行有管理的浮動匯率製度有利於人民幣的穩健升值，調節了中國的國際收支平衡，促進了經濟的穩定和發展，是當前最優的人民幣匯率製度。

2.2 匯率決定理論與匯率均衡理論綜述

匯率是國際經濟金融領域的重要指標,是聯結各國之間的商品和服務的重要紐帶,匯率作為核心的經濟變量影響著國民經濟對內對外的均衡,調整和聯繫著各個宏觀微觀的經濟因素,是各經濟體在參與國際貿易活動中最直接最有效的調節工具,是國際金融健康有序發展的重要因素。匯率理論自 20 世紀以來迅速發展,尤其在 1973 年布雷頓森林體系瓦解後,國際貨幣製度發生了巨大的變化,各主要工業化國家相繼擺脫美元本位的束縛,宣布實行管理浮動匯率製度或浮動匯率製度。從此,匯率日益體現出其真正的本質和價值,匯率理論也隨之豐富和繁榮起來。越來越多的匯率研究探尋匯率製度的選擇、匯率的決定因素、匯率對宏觀經濟變量的影響、匯率的變化規律和特徵、均衡匯率與實際匯率的偏差,以及國家的外匯干預和外匯政策等,研究的方法也在日益改進和完善,并逐步呈現出多領域、多學科相互交融的特徵。

2.2.1 匯率製度沿革

匯率製度是指一國貨幣當局或國際貨幣組織對匯率水平的確定、維持,對匯率方式的調整、變動,管理匯率等所做的一系列製度的系統規定。

最早的國際貨幣體系於 19 世紀 80 年代形成,是國際金本位製度,即以黃金為國際貨幣的基礎,可以在聯盟國之間自由輸入輸出、可以自由鑄造、可以自由兌換。在當時的國際環境下,金本位製度對匯率的相對穩定、國際貿易的發展、資本的流通、各國經濟的發展以及世界市場的統一,起到了積極的作用。到了第一次世界大戰期間,由於黃金產量的增長遠遠低於商品數量的增長,加上戰爭因素,黃金流動受到影響,部分國家開始實行自由浮動的匯率製度,導致匯價劇烈波動,金本位制的穩定性不復存在。金本位制理論本身有著難以克服的內在缺陷,無法有效控製供應量,金本位制下決定物價水平的貨幣供應量其實是美元,而不是黃金。國內物價的穩定和匯率的穩定不能同時兼顧,對於一國來說,應該以國內物價穩定為重,而讓匯率浮動,於是國際金本位制宣告瓦解。

國際金本位製度瓦解後,國際貨幣製度一直處於混亂狀態,持續到第二次世界大戰結束,世界主要工業化國家於 1944 年 7 月在美國新罕布什爾州的布雷頓森林舉行了聯合國國際貨幣金融會議。會議確定了以黃金和美元為基礎的

金匯兌本位制，稱為布雷頓森林體系。美元成為黃金的等價貨幣，其他國家的貨幣通過美元與黃金掛鉤，美元實際處於中心地位成為世界貨幣。布雷頓森林體系實質上是以美元為中心，以外匯自由化、貿易自由化、資本自由化為主要內容，可調整的釘住美元的匯率製度。布雷頓森林體系建立開始運作良好，促進了戰後世界經濟和國際貿易的恢復與增長。但是由於該體系的內在缺陷和美國國內經濟危機的頻發，1973年布雷頓森林體系宣告結束。

布雷頓森林體系解體後，國際貨幣基金組織（IMF）為了專門研究和實施國際貨幣製度改革而成立的「臨時委員會」，於1976年1月在牙買加首都金斯敦的會議上達成一項新協議，即「牙買加協議」。該協議取消了美元在國際貨幣活動中的中心地位，確定匯率可以自由浮動，由此浮動匯率製度正式開始。

20世紀70年代以來，浮動匯率製度是主要的匯率製度，但只適合於美元、英鎊、日元等主要貨幣。許多發展中國家採取的是釘住特定的貨幣或一籃子貨幣，還有國家採取固定匯率製度。匯率製度的劃分沒有唯一的標準，根據不同的分類標準有不同的分類結果。不過這些分類標準都將匯率製度大致分為三大類：嚴格的固定匯率製度、中間匯率製度和完全浮動匯率製度。下面介紹國際貨幣基金組織（IMF）關於匯率製度的分類。

根據1981—1998年間的《國際金融統計年鑒》，IMF根據各成員國自己所公布的法定匯率製度，將匯率製度分為三大類：①釘住匯率制（包括釘住一種貨幣、釘住複合貨幣）；②有限的浮動匯率制（包括對一種貨幣的有限浮動、對一籃子貨幣的聯合浮動）；③更加靈活的浮動匯率制（包括管理浮動、獨立浮動）。

由於以上匯率製度的劃分標準是以各成員國公開宣稱的匯率製度為準，部分國家宣稱的匯率製度并沒有反應真實的情況。所以自1999年起，IMF對匯率製度的分類作了部分調整，具體分為以下八類：①無獨立法定貨幣的匯率安排（主要有美元化匯率和貨幣聯盟匯率）；②貨幣局製度；③其他傳統的固定釘住匯率制（包括管理浮動制下的實際釘住制）；④水平帶內的釘住匯率制；⑤爬行釘住匯率製度；⑥爬行帶內浮動匯率製度；⑦不事先公布干預方式的管理浮動匯率制；⑧獨立浮動匯率。

關於匯率製度，Nurkse（1945）[1] 在其著名的論著中做過詳細地闡述。包括匯率製度的分類、匯率製度的選擇，以及匯率製度與貨幣政策、銀行體系、

---

[1] Nurkse R. Conditions of international monetary equilibrium [M]. International Finance Section, Department of Economics and Social Institutions, Princeton University, 1945.

央行的信貸政策的關係，不同匯率製度下的金融脆弱性、匯率危機等，以及對國內國際經濟的影響等。Baxter，Stockman（1989）[1] 研究了經濟週期與匯率製度的關係，選擇了 49 個國家，有釘住匯率制的、有浮動匯率制的、有聯合浮動匯率制的，實證研究了這些國家在戰後的消費、貿易流動、輸出、政府消費支出和實際匯率的差異，結果證實匯率製度的差異是導致宏觀經濟變量的行為差異的原因。Husain，Mody，Rogoff（2005）[2] 研究了發展中國家與發達經濟體的匯率製度，隨著國家的經濟發展財富的增加，匯率製度越來越靈活，對發展中國家來說，很少接觸到國際資本市場，採取釘住匯率製度，可以保持相對較低的通貨膨脹率，但面臨國際金融危機的風險較高，相比之下，發達經濟體的匯率製度浮動更自由，也與其更高的經濟增長有關。Ghosh（2014）[3] 比較分析了發達國家和低收入國家對匯率製度的選擇，選取了 137 個國家在 1999—2011 年間的匯率及其相關變量的數據進行實證分析，探討了匯率製度下的宏觀經濟因素的相關性。結果發現貿易開發度、經濟發展水平、外匯負債率、外匯儲備等在新興市場上對匯率製度的選擇有一定的影響，資本管制和通貨膨脹率則在發達國家和低收入國家都對匯率製度的選擇具有顯著影響。

國內學者關於匯率製度也做了研究，易綱（2000）[4] 考察了匯率製度的演進，分析了固定匯率製度、管理浮動匯率製度和自由浮動匯率製度，資本帳戶的開放對匯率製度的選擇有很大的影響。

目前關於匯率製度的研究還有很多，匯率理論的新發展趨勢是：固定匯率制下，要把匯率的調整融入到政府政策的優化分析框架中進行研究；浮動匯率制下，要將現代經濟學的最新理論發展和技術手段應用到匯率決定理論的研究中，比如有效市場理論、預期理論、不完全信息條件、GARCH 模型、行為金融學、微觀市場結構及博弈論等引入到匯率決定理論的研究中。

2.2.2　傳統匯率理論

傳統的匯率決定理論有購買力平價假說、利率平價假說、國際收支學說、貨幣模型、貨幣替代模型以及匯率資產組合理論等。

---

[1]　Baxter M, Stockman A C. Business cycles and the exchange-rate regime: some international evidence [J]. Journal of monetary Economics, 1989, 23 (3).

[2]　Husain A M, Mody A, Rogoff K S. Exchange rate regime durability and performance in developing versus advanced economies [J]. Journal of Monetary Economics, 2005, 52 (1).

[3]　Ghosh A. A comparison of exchange rate regime choice in emerging markets with advanced and low income nations for 1999—2011 [J]. International Review of Economics & Finance, 2014 (33).

[4]　易綱. 匯率製度的選擇 [J]. 金融研究, 2000 (9).

購買力平價理論（Theory of Purchasing Power Parity，PPP）認為匯率是不同貨幣的比值，而貨幣的價值則體現的是貨幣的購買力。因此，匯率是同期的兩種貨幣購買力之比。購買力平價理論最初由英國學者在1802年提出，後來由瑞典的Cassel給出詳細的論述，將該理論發展和充實，成為匯率理論中的重要理論之一。購買力平價理論自提出後，隨著國際社會的變化，匯率製度的變化，該理論的應用隨之起伏。不同時期的匯率製度使得購買力平價理論的有效性一直在發生變化。自20世紀80年代後，匯率水平大幅持續偏離購買力平價，購買力平價理論再次受到爭議。大量學者分別利用隨機遊走模型、協整技術、ADF檢驗法、指數平滑過渡自迴歸模型（ESTAR）等模型與方法討論購買力平價理論的實證效果，發現實際匯率水平與購買力平價存在嚴重的偏差。到了21世紀，Taylor（2004）[1]基於大量可得數據和非線性計量經濟方法，重新開始研究購買力均衡理論，由於估計方法的改進，提高了估計效果，進一步將購買力平價理論與實際匯率的偏離縮小，使得理論和實際數據的差距縮小，數據表明，從長遠來看購買力平價理論以及其系數都是穩定的。因此，長期購買力平價理論再次獲得強有力的支持。Bergin，Glick，Wu（2013）[2]從微觀和宏觀角度討論了購買力平價理論，利用誤差修正模型對微觀經濟數據估計結果表明，微觀經濟層面的價格衝擊對不同的國際匯率組合有所不同，匯率價格通過在商品市場的套利進行動態調整，而非在匯率市場；宏觀經濟層面對匯率價格的衝擊持續更長，這些分析結果對基於價格黏性和異質性的實際匯率理論是個新的挑戰。關於購買力平價理論的爭論還會持續下去，關於其過程和因果關係的研究也將會持續下去，隨著現代計量方法的發展，購買力平價的理論和實證也將隨之繼續發展。

利率平價理論（Interest Rate Parity，IRP）認為兩種貨幣的匯率是由兩國貨幣的相對價格決定的，與兩國貨幣的利率差有關。根據投資者的風險偏好假設，利率平價理論分為無拋補利率平價和拋補利率平價兩種。利率平價關係是一個最依賴金融全球化的指標，是全球宏觀經濟模型的一個關鍵因素，是市場之間完全資本流動的基準。Keynes（1923）[3]最早提出古典利率平價模型。

---

[1] Taylor, Alan M., and Mark P. Taylor. The purchasing power parity debate [R]. National Bureau of Economic Research, 2004.

[2] Bergin P R, Glick R, Wu J L. The micro-macro disconnect of purchasing power parity [J]. Review of Economics and Statistics, 2013, 95 (3): 798-812.

[3] John Maynard Keynes. A tract on monetary reform [M]. London: Macmillan, 1923.

Robert（1973）① 將該理論進一步的完善，形成現代利率平價理論。此後的學者們對利率平價理論進行了實證應用，不同時間段不同匯率製度下的利率平價理論的預測效果不同。Levich（2011）② 回顧了利率平價理論的理論基礎和歷史淵源，由於實證結果的支持使利率平價理論得到廣泛的傳播，從 21 世紀開始，經濟學家和金融學家基本上把利率平價理論當作是理所當然的理論。然而，由於 2007 年夏季的全球金融危機，根據利率平價關係得到的匯率與實際匯率的偏差明顯增加，偏差甚至波及到銀行間交易的信貸和風險。金融危機之後，利率平價理論的偏差較十年前大大增加。判斷這些偏差是有效的市場行為，還是單純地反應更大的成本和風險，將是金融經濟學的一個新的挑戰。

國際收支學說（Theory of International Indebtedness） 認為匯率是由國際借貸所決定的。國際借貸包括國際貿易和資本的輸入輸出，國際借貸影響外匯的供給和需求，從而導致匯率的變化。當流動借貸相等時，外匯的供給也相等，從而外匯匯率保持平穩；當流動債權大於流動債務時，外匯供給大於外匯需求，從而外匯匯率下跌；反之，當流動債權小於流動債務時，外匯供給小於外匯需求，從而外匯匯率上升③。國際收支學說最早由 George（1861）④ 提出，後由凱恩斯學派對其繼續發展完善。Robinson（1933）⑤ 提出調整國際收支的彈性論，指出貨幣貶值的條件及其對貿易條件和貿易收支的影響。

貨幣模型是對購買力平價模型和利率平價模型的修正，融入理性預期的分析，將匯率視作國內貨幣價值與國外貨幣價值的相對價格，重點強調貨幣均衡在匯率均衡中的作用。根據價格彈性的不同假定，又分為彈性價格貨幣模型（Flexible Price Monetary Model，FLPM）和黏性價格貨幣模型（Sticky Price Monetary Model，SPMA）⑥。彈性價格貨幣模型由 Mussa（1976）⑦ 提出，彈性價格貨幣模型假定所有的商品價格是完全彈性的，國內外的資產是完全替代的，資本和貨幣是完全流動的，各個市場的狀態均是均衡的。彈性價格貨幣模型是

---

① Robert Z Aliber. The interest rate parity theorem：A reinterpretation ［J］. The Journal of Political Economy，1973，81（6）.

② Levich R M. Evidence on financial globalization and crises：interest rate parity ［J］. 2011（8）.

③ 楊滌. 匯率分析範式轉換與人民幣匯率問題研究 ［J］. 世界經濟研究，2004（7）.

④ George Joachim Goschen. The theory of the foreign exchanges ［M］. E. Wilson，1901.

⑤ Robinson，Joan. Economics of imperfect competition ［M］. 1933.

⑥ 姜波克，陸前進. 匯率理論和政策研究 ［M］. 上海：復旦大學出版社，2000.

⑦ Mussa M. L. The exchange rate，the balance of payments，and monetary policy under a regime of controller floating ［J］. Scandinavian International of Economics，1976，18（2）.

现代匯率理論最基礎的匯率決定模型。黏性價格貨幣模型是由 Dornbucsh (1976)① 提出，黏性價格貨幣模型又稱為超調模型，該模型認為商品價格是黏性的，商品市場的調整速度與資產市場的不同，因而短期內購買力平價不能成立。經濟在短期均衡後一段時期再調整價格，過渡到長期均衡。利用貨幣模型研究匯率時間序列，參數估計的結果符合基本經濟理論，同時殘差是平穩的，說明匯率時間序列與宏觀經濟變量之間存在協整關係。但是對匯率的長期貨幣模型進行廣泛的評估，結果表明不同的時期及不同的國家，模型的實證結果千差萬別，因此對貨幣模型的應用不可一概而論。卜永祥（2008）② 利用貨幣模型對人民幣外匯市場的升值壓力指數進行實證分析，研究了國內信貸、中美經濟相對增長、利率、基礎貨幣等與外匯市場的升值壓力之間的關係。陳平、李凱（2010）③ 對傳統的貨幣模型進行改進，放寬了理性預期的假設，用適應性學習方式來研究匯改之後的人民幣匯率。結果表明放寬假設之後的貨幣模型的預測能力大大提高，能很好地擬合匯率波動。

貨幣替代模型（Currency Substitution Model）假定國內的貨幣和國外的貨幣不完全替代，貨幣的替代會造成匯率的變動。在貨幣自由兌換的前提下，當本幣的內在價值下降時，對外幣的需求變動會導致貨幣間的大量兌換，從而導致匯率價格的變動。貨幣替代模型就是在匯率決定模型中加入貨幣替代因素以及替代程度，研究貨幣供應量與匯率變動之間關係的模型。貨幣替代模型最早由 Kouri（1976）④ 提出。他分析了貨幣替代對匯率影響的動態模型，其中的貨幣需求函數包括對國內貨幣和國外貨幣的需求，在靜態條件下考慮貨幣替代對匯率的決定問題，貨幣的收益率對貨幣需求有重要作用。同時其他學者研究發現貨幣替代模型對匯率有影響，但是貨幣替代和政府的財政政策在對匯率的影響上是不對稱的，因此經濟的迅速發展會帶來更大不穩定性。Saatcioglu, Bulut, Korap（2011）⑤ 探討了貨幣替代對匯率的不確定性，從而對土耳其經濟造成影響。他們利用 EGARCH 模型實證分析了 1987—2001 年的匯率和貨幣

---

① Dornbusch R. Expectations and exchange rate dynamics [J]. The Journal of Political Economy, 1976, 84 (6).

② 卜永祥. 人民幣升值壓力與貨幣政策：基於貨幣模型的實證分析 [J]. 經濟研究, 2008 (9).

③ 陳平, 李凱.「適應性學習」下人民幣匯率的貨幣模型 [J]. 經濟評論, 2010 (3).

④ Kouri P J K. The exchange rate and the balance of payments in the short run and in the long run: A monetary approach [J]. The Scandinavian Journal of Economics, 1976, 78 (2).

⑤ Saatcioglu C, Bulut C, Korap H L. Does currency substitution affect exchange rate uncertainty? The case of Turkey [J]. Journal of Qafqaz University, 2013 (2).

替代數據，結果顯示貨幣替代會導致匯率的不確定性，條件方差反應對相同的衝擊呈現較以往更積極的反應。李富國（2005）① 利用貨幣替代需求函數分析了中國的貨幣替代對人民幣匯率的影響。實證結果表明現階段中國的貨幣替代程度比較低。劉紹保（2008）② 利用中國1997—2007年的匯率數據研究貨幣替代率對人民幣匯率及其波動的影響。結果表明貨幣替代率與人民幣匯率的波動不存在長期均衡關係，而與人民幣匯率水平則存在一定的協整關係。此外，中國的貨幣替代率的變化更多地則是受匯率以外的因素影響。

匯率資產組合理論（Portfolio Approach）認為匯率的決定由金融資產存量結果的平衡影響，而有價證券和貨幣可以相互替代，因此有價證券對貨幣需求存量有影響。同時匯率資產組合理論認為無拋補利率平價是不成立的。匯率資產組合理論最早由 Mckinnon，Oates（1966）③ 等提出，完整的資產組合的匯率模型分析框架是由 Branson（1977）④ 給出的。張婧屹（2014）⑤ 將度量不同資本帳戶的政策、金融資產存量的變動引入資產組合平衡模型，實證分析了資本帳戶的政策對人民幣匯率調整的影響。

匯率理論博大精深，以上只簡單介紹了購買力平價理論、利率平價理論、國際收支學說、貨幣模型、貨幣替代模型和資產組合理論等。每種理論針對匯率決定因素的某些方面有詳細深刻的研究，每種理論在歷史不同發展時期對匯率行為的解釋能力也不相同。沒有一種匯率理論能全面準確地描述匯率行為，但是以上的匯率理論可以互相補充、互相完善，構成多樣的匯率理論系統。

2.2.3 匯率均衡理論

匯率是宏觀經濟的基本變量，同時也是影響一國經濟的重要變量，匯率的高估或低估都會對國家的經濟協調發展產生巨大的影響。匯率高估可能會導致經濟出現通貨緊縮及國際收支赤字的不可維持，短期內會抑制經濟增長，長期卻可能對經濟增長有改善作用。匯率低估可能會導致經濟出現通貨膨脹或者國

---

① 李富國，任鑫. 中國貨幣替代模型實證研究［J］. 金融研究，2005（11）.

② 劉紹保. 人民幣匯率與貨幣替代關係的實證研究——基於1997Q4～2007Q1中國的實際數據［J］. 國際金融研究，2008（1）.

③ McKinnon R I, Oates W E. The implications of international economic integration for monetary, fiscal, and exchange-rate policy [M]. International Finance Section, Department of Economics, Princeton University, 1966.

④ Branson W H. Asset markets and relative prices in exchange rate determination [M]. Princeton Studies in International Finance, Princeton University Press, 1977.

⑤ 張婧屹. 資本帳戶政策對人民幣匯率調整路徑的影響——基於資產組合平衡模型的理論與數據分析［J］. 上海金融，2014（2）.

際收支順差，短期內會促進經濟的增長，長期則可能抑制經濟增長的可持續性。因此，利用均衡匯率來估計和測算合理的匯率水平是匯率決定分析的重要途徑。均衡匯率最早由英國經濟學家 Gregory（1934）[①] 提出，英國經濟學家 Keynes（1935）[②] 在《國外匯兌的前途》中給出了均衡匯率的定義，而均衡匯率的較完整的概念則由美國的 Nurkse（1945）[③] 提出。均衡匯率是指使國際收支保持平衡的匯率，均衡匯率理論研究對均衡匯率有影響的基本經濟因素，并構建理論模型。Nurkse 對均衡匯率的定義得到許多經濟學家的認可和讚同。20 世紀 80 年代之前的均衡匯率理論從理論上給出定性的概念和含義，80 年代之後，隨著現代計量經濟學的發展，尤其是協整技術，可以從統計學意義發現實際均衡匯率與各種決定因素之間的協整關係，并以此確定均衡實際匯率，判斷匯率是否失調。隨著計量經濟學方法在均衡匯率上取得的成功，使得均衡匯率的理論得到了真正的發展。

在均衡匯率理論的研究中，由於方法和角度不同，出現了不同的均衡匯率理論。理論系統比較完整且有一定成果的主要有：基本要素均衡匯率理論（Fundamental Equilibrium Exchange Rates，FEER）、行為均衡匯率理論（Behavioural Equilibrium Exchange Rates，BEER）、自然均衡匯率理論（Natural Real Exchange Rates，NATREX）和均衡實際匯率理論（Equilibrium Real Exchange Rates，ERER）。

1. 基本要素均衡匯率理論（FEER）

Williamson（1982）[④] 提出基本要素均衡匯率理論（FEER）。FEER 模型在充分就業情況下，計算基本經濟因素與可持續的資本流動相一致時的均衡匯率。FEER 模型集中分析本國和相關貿易國的財政政策、經常帳戶的變化和趨勢、GDP、貿易量、大宗交易商品價格、資本項目等基本經濟因素，去掉了短期因素和週期性因素的影響，揭示了均衡匯率的本質，提供了簡單系統的均衡匯率方法。但是也存在一些局限性，在實證上存在一定的主觀判斷，同時它未

[①] T. E. Gregory. Twelve Months of American Dollar Policy [M]. Economica, 1934.

[②] John Maynard Keynes. The Future of the Foreign Exchange [J]. Lloyds Bank Limited: Monthly Review, 1935 (6).

[③] Ragner Nurkse. Conditions of international monetary equilibrium. Essays in International Finance 4 (Spring) [M]. Princeton University Press, International Finance Section, 1945.

[④] John Williamson. The lending policies of the International Monetary Fund [M]. Peterson Institute for International Economics, 1982.

充分考慮內部均衡，屬於局部均衡匯率。Egert，Halpern，MacDonald（2006）[1]研究了蘇聯解體後的轉型經濟體的均衡匯率，提出了一個可用於計算均衡匯率的模型，調查結果是匯率存在上升的趨勢，均衡匯率模型的不確定性主要來源於理論基礎的差異、經濟估算技術的差異，以及時間序列和橫截面尺寸的差別。李天棟（2006）[2] 從基本要素均衡匯率理論（FEER）的內在邏輯出發，發現由於對匯率作用的認識不同，造成 FEER 存在內在的邏輯悖論：均衡匯率要實現內外均衡的目標，只能在內部均衡和外部均衡分別實現的情況下才能達到，FEER 只能是「鋒刃上的均衡」，這顛覆了 FEER 為政策指南的初衷。李雙久、楊敏（2011）[3] 基於基本要素均衡匯率模型，運用協整檢驗的方法，選取對人民幣匯率相關的經濟變量，利用 FEER 模型實證研究了 1992—2010 年的人民幣實際有效匯率及其偏離均衡匯率的程度。研究結果表明 2005 年中國匯改之後，人民幣存在不同程度的低估，但低估水平并不像歐美國家所說的「嚴重低估」。隨著各經濟變量對匯率的敏感程度增加，今後人民幣匯率的估值水平將呈一定程度的上升趨勢。

2. 自然均衡匯率理論（NATREX）

另一位學者 Stein（1994）[4] 提出了自然均衡匯率理論（NATREX）。自然均衡匯率理論的研究側重於在不確定的世界討論均衡實際匯率、最優債務、最佳的內生增長和經常帳戶餘額之間的相互作用，理論部分源於經濟學和應用數學之間的跨學科研究，根據經濟理論和隨機最優控製論，由隨機變量最優債務和均衡實際匯率推測資本回報率和實際利率。自然均衡匯率模型的核心內容為投資、儲蓄和淨資本流動。實際匯率可以用生產力、節儉程度等基本因素來解釋。自然均衡匯率是一種動態均衡，與外生的以及內生的基本經濟因素的變化保持一致，實際匯率不斷地向著動態均衡調節靠攏。自然均衡匯率理論研究名義匯率的短期走勢，從實證分析結果看，自然均衡匯率模型對名義匯率的波動有很好的解釋，同時可以解釋均衡實際匯率的中長期運行走勢及其基本變量，同時適用於大型的經濟體和小型的經濟體。孫茂輝（2006）[5] 用自然均衡理論

---

[1] Egert B, Halpern L, MacDonald R. Equilibrium Exchange Rates in Transition Economies: Taking Stock of the Issues [J]. Journal of Economic surveys, 2006, 20 (2).

[2] 李天棟. 基本要素均衡匯率的邏輯結構與悖論——基於匯率槓桿屬性對 FEER 的超越 [J]. 國際金融研究, 2006 (10).

[3] 李雙久, 楊敏. 人民幣匯率失衡程度的測度 [J]. 經濟縱橫, 2011 (12).

[4] Stein J L. The natural real exchange rate of the United States dollar, and the determinants of capital flows [J]. Fundamental determinants of exchange rates, 1998 (2).

[5] 孫茂輝. 人民幣自然均衡實際匯率：1978—2004 [J]. 經濟研究, 2006 (11).

NATREX 模型測算了 1978—2004 年的人民幣均衡匯率，模型主觀設定了合意投資函數、貿易函數等，而不是通過規範推導得出。因此，該模型還有待於進一步實證檢驗。Belloca，Federicib（2010）① 基於自然均衡匯率理論，對連續時間段的匯率建立動態模型，其結構形式為非線性微分方程系統，實證分析了歐元兌美元的實際匯率與均衡匯率的偏離程度。

3. 行為均衡匯率理論（BEER）

Clark 和 McDonald（1998）② 在 FEER 模型的基礎上提出了行為均衡匯率模型（BEER），確定一組可以決定實際匯率波動的經濟變量，找出實際匯率與這些經濟變量之間的關係，最後確定實際均衡匯率。BEER 模型是一種模型策略，基於計量經濟分析的協整方法，能夠通過協整檢驗找出具有一定理論依據的經濟變量，在相關經濟變量條件下，解釋有效匯率的實際行為，適用性強、方法靈活。這也是該模型被稱為行為均衡匯率的原因。BEER 模型還可以解釋實際匯率的週期性變動。BEER 模型的簡約模型利用協整技術，反應匯率與國內外實際利率差、淨外國資產、國內外政府債務供給量、貿易條件、實際利率、生產力、相對財政政策和石油的真實價格等經濟變量的關係。Clark 和 McDonald 利用上述簡約模型，對美元、德國馬克和日元的實際匯率進行了實證分析，證明了 BEER 模型具有較好的解釋力。Clark 和 McDonald（2004）③ 拓展了行為均衡匯率理論（BEER），使用 Johansen 協整方法確定了實際匯率的經濟變量，實際利率差、國外淨資產和非貿易/貿易品的相對價格，進一步估計了美國和加拿大的美元和英鎊的永久均衡匯率。同時行為均衡匯率理論為發展中國家研究均衡匯率時提供了選擇經濟變量的很好的理論指導，用協整技術檢驗經濟變量之間的均衡關係，保證了 BEER 方法的有效性。嚴太華、程歡（2010）④ 構建基於非抵補利率平價理論的行為均衡匯率模型，對 1997—2013 年人民幣匯率進行了分析，同時利用誤差修正模型分析各經濟變量對於人民幣匯率水平的短期影響，以及人民幣匯率系統自身的誤差，實證分析了人民幣匯率的均衡匯率水平和失調程度。結果表明人民幣實際匯率水平在均衡匯率水平

---

① Belloc M, Federici D. A two-country NATREX model for the euro/dollar [J]. Journal of International Money and Finance, 2010, 29 (2).

② Clark P B, MacDonald R. Exchange rates and economic fundamentals: a methodological comparison of BEERs and FEERs [M]. Springer Netherlands, 1999.

③ Clark P B, MacDonald R. Filtering the BEER: a permanent and transitory decomposition [J]. Global Finance Journal, 2004, 15 (1).

④ 嚴太華，程歡. 1997—2013 年人民幣均衡匯率失調程度的實證研究 [J]. 經濟問題，2015 (1).

附近波動，人民幣匯率失調程度較低，基本達到均衡水平。邵彩虹、王曉丹（2012）① 依據行為均衡匯率理論，選擇國內生產總值、廣義貨幣供給量、淨出口額和實際利率作為影響因素，進行協整檢驗和方差分析。結果表明廣義貨幣供給量和淨出口額是影響人民幣匯率的兩個重要因素，廣義貨幣供給量的彈性大於淨出口額的彈性，但方差分析結果表明淨出口額對人民幣匯率的貢獻程度大於廣義貨幣供給量的貢獻程度。

4. 均衡實際匯率理論（ERER）

ERER 模型由 Edwards② 於 1989 年提出，Edwards（1994）③ 等人繼續將其補充和修正，并逐步將其完善。ERER 模型是一個內外均衡匯率模型。ERER 模型不僅受到基本因素的現實值的影響，而且還受到其預期值的影響。均衡實際匯率是關於資本流動、國際貿易條件、稅收、政府消費、勞動生產率和技術進步等經濟變量的函數。ERER 模型用簡約的單方程來測算內外均衡實際匯率，樣本數據的獲取更容易，計算量更少。中國是發展中國家，處於經濟轉型期，因此均衡實際匯率理論 ERER 模型比較適合研究人民幣的實際匯率。傅強、姚孝雲（2012）④ 選擇 GDP、廣義貨幣、外匯儲備、政府支出、勞動生產率、開放度、貿易條件、中美實際利率差為解釋變量，構建均衡實際匯率 BEER 模型，利用協整檢驗方法和誤差修正模型，實證分析 1994—2010 年人民幣的實際匯率與均衡匯率的偏離。研究結果顯示人民幣在 1994—1996 年存在低估，1997—2005 年持續高估，2005 年實行匯率改革之後，2006—2007 年實際有效匯率接近均衡水平，2009—2010 年間又存在低估現象。ERER 模型適合發展中國家的均衡匯率的度量和評價，但是也存在一些缺陷，比如模型中的某些變量不能取得樣本數據；而某些變量，反應發展中國家在經濟轉型期的特點，卻在檢驗時不顯著。因此，均衡實際匯率的精確度還需進一步研究。

均衡匯率理論主要分析經濟變量對均衡匯率的影響，根據不同的研究方法和觀察角度，有各種類型的均衡匯率理論。以上四種均衡匯率理論各有其優缺點，因此，選擇哪一個模型來研究匯率均衡，還需考慮模型的適用條件和貨幣

---

① 邵彩虹，王曉丹. 基本面因素與人民幣匯率的協整和方差分析——基於行為均衡匯率理論[J]. 經濟問題，2012（6）.

② Edwards S. Real exchange rates in the developing countries: Concepts and measure-ment [R]. National Bureau of Economic Research, 1989.

③ Edwards J R. Regression analysis as an alternative to difference scores [J]. Journal of Management, 1994, 20（3）.

④ 傅強，姚孝雲. 人民幣均衡匯率及失調分析[J]. 金融與經濟，2012（8）.

國家的經濟情況，不可一概而論。竇祥勝（2006）[①] 綜合評論了四種均衡匯率模型：基本要素均衡匯率理論、行為均衡匯率理論、自然均衡匯率理論和均衡實際匯率理論，比較了四種模型各自的優缺點，以及它們在發達國家和發展中國家的具體表現。

2.3　半參數估計研究綜述

函數估計是計量經濟學的一個經典問題，給定樣本 Y 與（X_1，X_2，…，X_n）後，確定未知的系統函數，并進行結構分析和統計性質分析。傳統的估計方法為參數迴歸方法，即首先預設一個參數模型，再定義某個誤差項，然後根據最小化誤差項來求出模型的參數，并根據假設檢驗，最終確定模型的系統函數。

迴歸模型最早由 Galton[②] 在 1886 年提出，此後經過大量學者的完善和發展，使得迴歸模型的理論日益豐富完善，應用廣泛，效果顯著。因此，迴歸模型被廣泛應用於各個學科領域，尤其在經濟學領域。隨著研究的進一步發展，為了更好地擬合數據，估計更有效的函數結構，減少誤差，迴歸模型也由最初的參數迴歸逐步發展到非參數迴歸。非參數迴歸模型一改參數迴歸模型的模式，不預先設定模型結構，不用考慮模型的形式以及誤差的分布，而是根據樣本數據自身靈活地給出較為精確的估計。到了 20 世紀 80 年代，非參數迴歸估計又發展到了半參數迴歸估計，即合理有效地結合了參數模型和非參數模型，充分利用各自的優勢，不但可以提高模型估計的精度，而且對得到的估計結果能進行結構分析。

當然，參數模型、非參數模型和半參數模型各有各的適用範圍和應用條件，在各自的適用範圍內各有長處和優勢，各自的理論和估計方法、檢驗方法也都在不斷的完善和發展之中。

2.3.1　參數模型

參數迴歸模型包括線性迴歸和非線性迴歸，總體的分布函數形式是已知

---

① 竇祥勝. 西方均衡匯率理論述評［J］. 經濟評論，2006（5）.
② Galton F. Regression towards mediocrity in hereditary stature［J］. Journal of the Anthropological Institute of Great Britain and Ireland，1886（15）.

的，只是參數是待定的，這樣的迴歸模型叫參數模型。參數模型的估計常常採用最小二乘原理或最大似然估計原理，簡單易操作，迴歸結果可以外延。參數迴歸模型尤其是線性模型的估計方法和檢驗方法都已發展成熟，形成一套完整的理論和方法。

2.3.2 非參數模型

參數迴歸模型簡單易行，應用廣泛，但是越來越多的經濟金融數據呈現出非正態性、非平穩性、波動集群性、長記憶性等特徵，這時的參數迴歸模型不足以刻畫響應變量和相關變量之間潛在的關係，會導致模型的擬合和預測出現重大偏誤。因此，近年來，學者們轉而研究非參數模型，非參數模型及其估計方法最早由 Stone[①] 於 1977 年給出。非參數模型的適用條件非常廣泛，不用考慮模型的形式、誤差的分布，僅僅根據樣本數據自身就能給出較為精確的估計。非參數迴歸方法假定經濟變量之間的關係未知，利用歷史數據對整個迴歸函數進行估計。非參數模型擬合樣本數據可以減少參數模型由於模型設定造成的偏差，讓數據自己搜索更適合自己的模型形式，可以在較大範圍內描述數據，避免模型誤設，樣本內擬合效果很好。

非參數迴歸模型的一般形式為：

$$Y_i = m(X_i) + u_i, \quad i = 1, 2, \cdots, n \tag{2-1}$$

其中，Y_i 為響應變量；$X_i(i=1, 2, \cdots, n)$ 為 n 維解釋變量；$m(\cdot)$ 為未知函數；u_i 為隨機誤差項。隨機誤差序列 $\{u_i\}$ 相互獨立，同分布，且 $E(u_i)=0$，$D(u_i)=\sigma^2$，X_i 與 u_j 相互獨立 $(i \neq j)$。$m(x_k)$ 是給定 $X_k = x_0$ 時 Y_k 的條件期望，即：

$$m(x_k) = E(Y_k \mid X_k = x_0) \tag{2-2}$$

非參數迴歸作為數據分析的新方法，放寬了標準線性模型的假設條件，并允許根據數據來構建模型結構，是數據分析的一個很有效的工具。非參數估計方法通過數據圖形的形式提供一個靈活的分析工具，根據觀測數據建立模型，估計自適應問題。Beran, Ghosh, Sibbertsen (2003)[②] 研究了存在長記憶誤差條件下的非參數核 M-估計，事實證明，在高斯分布的情況下，所有的內核 M 估計具有相同的限制性正態分布。Racine (2004)[③] 研究了非參數估計方法用

[①] Stone C J. Consistent nonparametric regression [J]. Applied Statistics, 1977 (5).

[②] Beran J, Ghosh S, Sibbertsen P. Nonparametric M-estimation with long-memory errors [J]. Journal of statistical planning and inference, 2003, 117 (2).

[③] Racine J, Li Q. Nonparametric estimation of regression functions with both categorical and continuous data [J]. Journal of Econometrics, 2004, 119 (1).

於面板數據的估計。他提出了非參數迴歸的核估計法，用於估計面板數據，利用數據驅動來選擇核函數的帶寬，估計具有漸近正態性，利用交叉驗證平滑參數和基準最佳平滑參數來估計收斂速度。面板數據實證表明，新的估計方法比現有的非參數方法估計效果更好，誤差更小。Sahalia, Fan（2009）① 系統地研究了非參數估計的密度函數的選擇，利用廣義似然比統計量來檢驗結果，利用動態的非參數篩選來估計金融時間序列的波動，利用非參數估計來測算時變跳躍擴散過程，所提出的模型具有複雜的多元非線性結構，具有明顯的靈活性。Bickel, Lehmann（2012）② 詳細系統地論述了非參數模型的描述性統計，包括模型的基本介紹、估計效果、分散、傳播等。國內學者研究非參數模型的有柴根象（1988）③、李子奈（2002）④、葉阿忠（2004）⑤ 等。

非參數模型的估計方法包括核估計、局部線性估計、k-近鄰估計、多項式樣條估計等方法。下面介紹其中的幾種估計方法：

1. 核估計方法

1964 年，Nadaraya⑥ 和 Watson⑦ 提出了著名的 Nadaraya-Watson 核估計，這是非參數估計最常見的方法之一。其後，核估計方法被廣泛應用，得到了推廣和發展，包括具有最優特徵的 Epanechnikov 核、Watson 估計法和 Yang 估計法以及核估計的收斂速度和方差的一致性等。

首先選定關於原點對稱的概率密度函數 $K(\cdot)$ 為核函數，窗寬 $h_n > 0$，定義核權函數為：

$$W_{nj}(x, h_n) = \frac{K_{h_n}(X_j - x)}{\sum_{i=1}^{n} K_{h_n}(X_i - x)} \qquad (2-3)$$

---

① Ait-Sahalia Y, Fan J, Peng H. Nonparametric transition-based tests for jump diffusions [J]. Journal of the American Statistical Association, 2009, 104 (487).

② Bickel P J, Lehmann E L. Descriptive statistics for nonparametric models I. Introduction [M]. Selected Works of EL Lehmann. Springer US, 2012.

③ 柴根象. 相依樣本分布函數、迴歸函數的非參數估計的強相合性 [J]. 系統科學與數學, 1988, 8 (3).

④ 李子奈, 葉阿忠. 非參數計量經濟聯立模型的局部線性工具為量估計 [J]. 清華大學學報: 自然科學版, 2002, 42 (6).

⑤ 葉阿忠. 非參數計量經濟聯立模型的變窗寬估計理論 [J]. 管理科學學報, 2004, 7 (1).

⑥ Nadaraya E A. On estimating regression [J]. Theory of Probability & Its Applications, 1964, 9 (1).

⑦ Watson G S. Smooth regression analysis [J]. Sankhyā: The Indian Journal of Statistics, Series A, 1964.

$$K_{h_n}(u) = \frac{K(\frac{u}{h_n})}{h_n} \quad (2-4)$$

常用的 Nadaraya-Watson 核估計為：

$$\hat{m}_n(x, h_n) = \sum_{i=1}^{n} W_{ni}(x) Y_i \quad (2-5)$$

其中，$K(\cdot)$ 為核函數；h_n 為窗寬；$K_{h_n}(u)$ 也是一個概率密度函數。核函數 $K(\cdot)$ 滿足條件：

$$K(u) \geq 0, \int K(u)du = 1, \int uK(u)du = 0, \sigma_K^2 = \int u^2 K(u)du < \infty_\circ$$

常用的核函數有：高斯核 $K(u) = \frac{1}{\sqrt{2\pi}} \exp(-\frac{1}{2}u^2)$，均勻核 $K(u) = 0.5I(u)_{||u|\leq 1|}$，Epanechnikov 核 $K(u) = \frac{3}{4}(1-u^2)_+$，三角形核 $K(u) = (1-|u|)_+$，四次方核 $K(u) = \frac{15}{16}((1-|u|^2)_+)^2$，六次方核 $K(u) = \frac{70}{81}((1-|u|^3)_+)^2$ 等。

核估計等價於一類局部加權的最小二乘估計。

核估計具有漸進正態性、相合性和一致性，但存在邊界效應，即核估計在邊界處的收斂速度比在內點處的收斂速度慢，并且核估計是局部加權的估計，估計值與密度函數有關，偏差較大。

2. 局部線性方法

Stone（1977）[①] 提出一種新的非參數估計方法——局部多項式方法，并討論了其收斂速度、窗寬選擇、極大似然估計等。

局部線性模型為：

$$Y_i = m(x) + m'(x)(X_i - x) + e_i \quad (2-6)$$

局部線性估計將下列式子最小化：

$$\sum_{i=1}^{n} \{Y_i - m(x) + m'(x)(X_i - x)\}^2 K_{h_n}(X - x) \quad (2-7)$$

局部線性估計方法的矩陣形式為：

$$\hat{m}_n(x, h_n) = e_1^T (X_x^T W_x X_x)^{-1} X_x^T W_x Y \quad (2-8)$$

其中，$e_1^T = (1, 0, \cdots, 0)$，$X_x = (X_{x,1}, \cdots, X_{x,n})^T$，$X_{x,i} = (1, (X_i - x))^T$，

---

① Stone C J. Consistent nonparametric regression [J]. Applied Statistics, 1977 (5).

$$W_x = diag\{K_{h_n}(X_1 - x), \cdots, K_{h_n}(X_n - x)\}, \quad Y = (Y_1, \cdots, Y_n)^T, \quad K_{h_n}(u) = \frac{K(\frac{u}{h_n})}{h_n},$$

$K(\cdot)$ 為核函數；h_n 為窗寬；核函數滿足條件

$$K(u) \geq 0, \int K(u) du = 1, \int u K(u) du = 0, \sigma_K^2 = \int u^2 K(u) du < \infty。$$

核函數 $K(\cdot)$ 的選擇與核估計的類似，可以選高斯核、均勻核、Epanechnikov 核等函數。

$m(x)$ 的局部線性估計就是落在區間 $[x - h_n, x + h_n]$ 內的 X_i 與其對應的 Y_i 關於局部線性模型的加權最小二乘估計，當 X_i 越接近於 x 時，對應的 Y_i 的權重就越大；反之則越小。

局部線性估計是對局部線性化的迴歸模型進行加權最小二乘估計，在局部將曲線近似於直線。因此，局部線性估計不存在邊界效應，即局部線性估計在邊界處的收斂速度與在內點處的收斂速度一樣。

3. k-近鄰估計

k-近鄰估計是其中一種比較常用的非參數迴歸方法，其工作基本原理是認為 k 個樣本點的影響隨距離而變化，距離越近的影響越大，距離越遠的影響越小。用與待估計點「距離」最近的 k 個樣本點處的觀測值進行加權平均，來估計當前點的取值。

令 $1 < k < n$，記 $JB_{x,kB} = \{i : XB_{iB}$ 是距離 x 最近的 k 個觀測值之一$\}$

k-近鄰核權估計為最小化

$$\sum_{i=1}^{n} (Y_i - m(x))^2 \sum_{i=1}^{n} K(\frac{X_i - x}{R_n}) \tag{2-9}$$

於是

$$\hat{m}_n(x, k) = \frac{\frac{1}{nR_n} \sum_{i=1}^{n} K(\frac{X_i - x}{R_n}) Y_i}{\frac{1}{nR_n} \sum_{i=1}^{n} K(\frac{X_i - x}{R_n})} \tag{2-10}$$

其中

$$R_n = \max\{|X_i - x| : i \in J_{x,k}\}$$

$K(\cdot)$ 為核函數，滿足

$$K(u) \geq 0, \int K(u) du = 1, \int u K(u) du = 0, \sigma_K^2 = \int u^2 K(u) du < \infty。$$

常見的核函數有均勻核 $K(u) = 0.5I(u)_{||u|\leqslant 1|}$、高斯核 $K(u) = \dfrac{1}{\sqrt{2\pi}}\exp(-\dfrac{1}{2}u^2)$ 和 Epanechnikov 核 $K(u) = \dfrac{3}{4}(1-u^2)_+$ 等。

Loftsgaarden 和 Quesenberry（1965）[①] 討論概率密度函數的估計問題時提出了 k-近鄰估計方法，分析了近鄰估計的點的分類規則以及誤差範圍，研究了近鄰估計的距離選擇。

4. 多項式樣條估計

「樣條」一詞來源於工程中船體和飛機等的外形設計：樣條即有彈性的細木條或薄鋼條，為了將一些指定的樣點，如 (xB_{iB}, yB_{iB})，$i = 0, 1, 2, \cdots, n$，將樣條連接成一條光滑曲線，將在樣點上固定，使其在其他地方自由彎曲，這時樣條所表示的曲線，稱為樣條曲線或樣條函數，樣點稱為節點。在數學上，它表現為近似於一條分段的三次多項式，在節點處具有一階和二階連續導數。Wahba（1977）[②] 將樣條估計用於非參數估計方法，并做了詳細的分析和研究，討論了節點的選擇、收斂速度等。

多項式樣條估計即用樣條函數來擬合模型，此方法為全局估計，可以給出模型的簡單的顯性表達式，并且能對數據區域外的迴歸函數值進行預測。

設 $t_1, t_2, \cdots, t_M$ 是固定節點序列，$-\infty < t_1 < t_2 < \cdots < t_M < +\infty$，樣條函數的基函數為：

$$B_i(x) = (x - t_i)_+^3, \quad (i = 1, 2, \cdots, M) \tag{2-11}$$

$$B_{M+1}(x) = 1, \ B_{M+2}(x) = x, \ B_{M+3}(x) = x^2, \ B_{M+4}(x) = x^3 \tag{2-12}$$

其中，

$$(x - t_i)_+ = \max\{0, \ x - t_i\}, \quad (i = 1, 2, \cdots, M) \tag{2-13}$$

多項式樣條函數為：

$$\sum_{i=1}^{M+4} \beta_i B_i(x) \tag{2-14}$$

最小化

$$\sum_{j=1}^{n} (Y_j - \sum_{i=1}^{M+4} \beta_i B_i(x))^2 \tag{2-15}$$

得 β_i 的估計 $\hat{\beta}_i(i = 1, 2, \cdots, M+4)$，$\hat{\beta} = (\hat{\beta}_1, \hat{\beta}_2, \cdots, \hat{\beta}_{M+4})^T$，$Y =$

---

① Loftsgaarden D. O., Quesenberry C. P. A nonparametric estimate of a multivariate density function [J]. The Annals of Mathematical Statistics, 1965, 36 (3).

② Wahba G. Practical approximate solutions to linear operator equations when the data are noisy [J]. SIAM Journal on Numerical Analysis, 1977, 14 (4).

$(Y_1, Y_2, \cdots, Y_n)^T$，

$$\hat{\beta} = (W^T W)^{-1} W^T Y \tag{2-16}$$

其中

$$W = \begin{pmatrix} B_1(x_1) & B_2(x_1) & \cdots & B_{M+4}(x_1) \\ B_1(x_2) & B_2(x_2) & \cdots & B_{M+4}(x_2) \\ \vdots & \vdots & \ddots & \vdots \\ B_1(x_n) & B_2(x_n) & \cdots & B_{M+4}(x_n) \end{pmatrix} \tag{2-17}$$

非參數迴歸函數 $m(X_i)$ 的多項式樣條估計為：

$$\hat{m}(x) = \sum_{i=1}^{M+4} \hat{\beta}_i B_i(x) \tag{2-18}$$

在多項式樣條估計中，節點的選擇非常重要。節點越多，模型的擬合程度越好，但是曲線的光滑程度卻降低，為了協調權衡，應選擇合適的節點數。通常選擇節點的方法有 AIC 準則、BIC 準則、MCV 準則等。

5. 數據分組處理算法（GMDH）

數據分組處理算法（Group Method of Data Handling，GMDH）是人工神經網路的一個分支，用於複雜系統的建模和預測，最早由烏克蘭國家科學院 Ivakhnenko[①] 院士於 1968 年提出，之後的發展主要經歷三個時期：Barron[②] 在 20 世紀 70 年代提出多項式網路訓練算法（NETTR）；Elder[③] 於 20 世紀 80 年代提出多項式網路綜合算法（ASPN）；20 世紀 90 年代 Muller[④] 提出自組織數據挖掘算法（Self-organizing Data Mining），應用於複雜系統的模擬和預測。國內學者賀昌政[⑤]、田益祥[⑥]等將 GMDH 算法進行了推廣和完善。

GMDH 算法利用多層神經網路，借助自組織原理，由計算機利用數據相對客觀地選擇變量之間的關係，用外準則選取最優模型，實現對研究對象內部結構的模擬。GMDH 算法類似於人工神經網路，將黑箱思想、生物神經元方法、

---

① Ivakhnenko A. G. The group method of data handling-A rival of the method of stochastic approximation. Soviet Automatic Control c/c of Avtomatika, 1968, 13 (3).

② Barron, R. L. Learning Networks Improve Computer - Aided Prediction and Control [J]. Computer Design, 1975, 8.

③ Elder IV J F. User's Manual：ASPN：Algorithm for Synthesis of Polynomial Networks [M]. Stanardsville, Virginia, 1985.

④ Muller J A. Self-Organization of Models-Present State [C]. Eurosim, 1995.

⑤ 賀昌政, 呂建平. 自組織數據挖掘理論與經濟系統的複雜性研究 [J]. 系統工程理論與實踐, 2001 (12).

⑥ 田益祥, 譚地軍. 基於局部線性核估計的 GMDH 建模及預測 [J]. 系統工程學報, 2008, 23 (1).

歸納法、概率論等方法有機地結合起來，實現了自動控製與模式識別理論的統一。GMDH 算法可以避免人工神經網路過擬合的缺點，同時可以建立顯式模型，便於結構分析。

其基本步驟是：

（1）將樣本集分為訓練集 A（training set）和測試集 B（testing set），$W = A \cup B$。

（2）用 Kolmogonov-Gabor 多項式表示輸出變量和輸入變量之間的函數關係：

$$f(x_i, x_j) = a_0 + a_1 x_i + a_2 x_j + a_3 x_i x_j + a_4 x_i^2 + a_5 x_j^2 \qquad (2\text{-}19)$$

（3）根據外部準則（最小偏差準則）選出最優複雜度模型。

6. 最小二乘支持向量機（LSSVM）

最小二乘支持向量機（Least squares support vector machine，LSSVM）是支持向量機的一種改進，是一種新型人工智能技術，由 Suykens 和 Vandewalle[①] 於 1999 年提出，對非線性系統的預測具有更好的收斂性和更高的精度。最小二乘支持向量機在函數估計和逼近中有廣泛的應用。

其算法如下：

給定訓練集：$T = \{(x_i, y_i), i = 1, 2, \cdots, n\}$，其中 $x_i \in R^n$ 是 n 維輸入向量，y_i 為一維輸出數據，利用非線性映射 $\varphi(x)$ 將輸入數據從原空間映射到一個高維特徵空間，在高維特徵空間構造模型：

$$y(x) = \omega^T \cdot \varphi(x) + b \qquad (2\text{-}20)$$

根據結構風險最小化原則并加入鬆弛變量 e_i，得到優化問題：

$$\min \quad J(\omega, e) = \frac{1}{2}\omega^T\omega + \frac{\gamma}{2}\sum_{i=1}^{n} e_i^2 \qquad (2\text{-}21)$$

$$st. \quad y_i = \omega^T\varphi(x_i) + b + e_i, \quad i = 1, 2, \cdots, n \qquad (2\text{-}22)$$

其中 $\gamma > 0$ 為懲罰因子，其作用是使函數具有較好的估計能力。

利用拉格朗日函數極值法：

$$L(\omega, b, e, \alpha) = J(\omega, e) - \sum_{i=1}^{n}\alpha_i\{\omega^T\varphi(x_i) + b + e_i - y_i\} \qquad (2\text{-}23)$$

α_i 為拉格朗日乘子，

$$\frac{\partial L}{\partial \omega} = 0 \rightarrow \omega = \sum_{i=1}^{n} \alpha_i \varphi(x_i) \qquad (2\text{-}24)$$

[①] Suykens J A K, Vandewalle J. Least squares support vector machine classifiers [J]. Neural processing letters, 1999, 9 (3).

$$\frac{\partial L}{\partial b} = 0 \rightarrow \sum_{i=1}^{n} \alpha_i = 0 \tag{2-25}$$

$$\frac{\partial L}{\partial e_i} = 0 \rightarrow \alpha_i = \gamma e_i \tag{2-26}$$

$$\frac{\partial L}{\partial \alpha_i} = 0 \rightarrow \omega^T \varphi(x_i) + b + e_i - y_i = 0 \tag{2-27}$$

$i = 1, 2, \cdots, n$，消掉 e_i 和 ω，整理得下列線性方程組：

$$\begin{bmatrix} 0 & 1^T \\ 1 & \varphi(x_i)^T \varphi(x_i) + \gamma^{-1} I \end{bmatrix} \begin{bmatrix} b \\ \alpha \end{bmatrix} = \begin{bmatrix} 0 \\ y \end{bmatrix} \tag{2-28}$$

$y = [y_1, \cdots, y_n]$，$1 = [1, \cdots, 1]$，$\alpha = [\alpha_1, \cdots, \alpha_n]$，定義核函數

$$K(x_i, x_j) = \varphi(x_i)^T \varphi(x_j), \quad i, j = 1, 2, \cdots, n \tag{2-29}$$

得到最終的最小二乘支持向量的估計函數為：

$$y(x) = \sum_i \alpha_i K(x_i, x) + b \tag{2-30}$$

α_i 和 b 為線性方程組的解。

核函數取徑向基函數（RBF）：$K(x_i, x_j) = \exp(-\gamma \| x_i - x_j \|^2)$，$\gamma > 0$，其中 γ 為核參數，表示徑向基函數的寬度。

近年來，隨著現代科技的快速發展和信息時代的來臨，導致海量數據的收集和應用，而非參數模型為大數據的分析和探索提供了有效的方法。以上各種非參數估計方法各有優點和局限，其中核函數估計法具有漸進正態性、相合性和一致性，但存在邊界效應，并且核估計是局部加權的估計，偏差較大；局部線性估計不存在邊界效應，局部線性估計在邊界處的收斂速度與在內點處的收斂速度一樣，但同樣因為局部線性估計是局部加權的最小二乘估計，偏差較大；k-近鄰估計的預測效果優於核估計和局部線性估計，但樣本量 k 的取值及樣本到 x 的距離，存在人為設定的誤差；多項式樣條估計為全局估計，可以給出模型的顯性表達式，并且能對數據區域外的迴歸函數值進行預測，但同樣存在人為選擇節點數，節點的選擇不同會導致收斂速度不同；GMDH 算法由數據相對客觀地選擇變量之間的關係，用外準則選取最優模型，可以避免人為設定參數造成的偏誤，能夠建立變量之間的顯式模型，并且樣本外的預測效果優於以上非參數估計方法，所以本書重點採用 GMDH 算法進行分析預測。

2.3.3 半參數模型

非參數模型對金融時間序列的研究非常有用，非參數估計由於不需要設定模型形式，根據數據來擬合，形式靈活，適應性強。但是由於缺少參數部分，

無法對模型的結構和估計的結果進行解釋，而且還可能存在「維數災難」的問題，從而使得估計效果并不十分可靠。非參數模型中的各個解釋變量對被解釋變量的影響的差別往往被忽略，但是在實際應用中，這些信息都是不可避免的，可能會降低模型的預測能力。針對參數模型和非參數模型各自的優缺點，有學者提出了半參數模型，即將參數部分和非參數部分有效結合，充分利用各自的優勢，不但可以提高模型估計的精度，而且對得到的估計結果有一定的可解釋性，能夠進行結構分析。半參數迴歸模型包含有參數部分和非參數部分。參數部分可以用確定的函數式表示變量之間的關係和模型的結構，可以描述被解釋變量的變化趨勢；而非參數部分則可以表示變量之間隱含的關係。半參數迴歸對模型樣本外的預測效果更好。

半參數迴歸模型最早由 Engle[①] 等於 1986 提出，Engle 在研究氣象條件等因素對電力供應量的影響時，將此模型用於一系列實際問題。半參數模型的估計多為兩步法，用最小二乘法估計參數部分，用核函數方法估計非參數部分。此後的研究多為改進其估計方法，例如將加權最小二乘估計法引入半參數模型的估計，并將半參數估計方法用於具有長記憶性的時間序列分析。Ruppert, Wand, Carroll（2003）[②] 總結歸納了半參數迴歸的各種模型及其估計方法和統計性質。Wood（2011）[③] 討論了半參數模型中的極大似然估計方法，以及帶約束的極大似然估計方法。國內學者從20世紀90年代開始研究半參數模型，洪聖岩（1991）[④] 和高集體（1992）[⑤] 介紹了半參數模型，討論了估計的相合性和收斂速度。柴根象、錢偉民等（2000）[⑥] 將小波分析方法引入到半參數模型的估計。丁士俊、陶本藻（2004）[⑦] 研究了半參數模型中的平差模型，補償最

[①] Engle R F, Granger C W J, Rice J, et al. Semiparametric estimates of the relation between weather and electricity sales [J]. Journal of the American statistical Association, 1986, 81（394）.

[②] Ruppert D, Wand M P, Carroll R J. Semiparametric regression [M]. Cambridge university press, 2003.

[③] Wood, Simon N. Fast stable restricted maximum likelihood and marginal likelihood estimation of semiparametric generalized linear models. Journal of the Royal Statistical Society: Series B（Statistical Methodology）, 2011, 73（1）.

[④] 洪聖岩. 一類半參數迴歸模型的估計理論 [J]. 中國科學, 1991（12）.

[⑤] 高集體. 一類半參數迴歸模型中估計的相合性（I）[J]. 系統科學與數學, 1992（3）.

[⑥] 錢偉民, 柴根象, 等. 半參數迴歸模型的誤差方差的小波估計 [J]. 數學年刊：中文版, 2000, 21（3）.

[⑦] 丁士俊, 陶本藻. 自然樣條半參數模型與系統誤差估計 [J]. 武漢大學學報：信息科學版, 2004（29）.

小二乘法及其估計誤差。楊科、陳浪南（2012）[①] 基於冪轉換以及不設定擾動項的具體相關結構和分布形式，構建了半參數的短期預測模型來預測中國股市的波動率。模型採用基於極值估計量的兩階段估計法進行估計。實證結果表明，半參數短期預測模型是預測中國股市波動率精度較高的模型。張俊等（2014）[②] 提出半參數模型估計的新方法，利用補償最小二乘法求解平滑參數。在極小化過程中，對殘差和補償項賦予相對權重，實現二者平衡關係的調節，以簡化平滑參數的求解，給出了補償解的表達式，推導了簡單的統計性質，并用模擬算例驗證了新方法的可行性。黃凱（2013）[③] 將 AR（p）模型引入到半參數模型的估計，利用算例對模型精度進行了研究。與一般半參數模型作比較，發現引入了 AR（p）模型後，可以檢查出一般模型不能檢查出的模型誤差，從而提高估計的精度。

半參數線性迴歸模型如下：

$$Y_i = \beta X_i + g(Z_i) + u_i \qquad (2-31)$$

其中，$X_i = (X_{1i}, \cdots, X_{di})$；$Z_i = (Z_{1i}, \cdots, Z_{ki})$；$\beta$ 是未知參數向量；$g(\cdot)$ 是未知函數；u_i 是均值為零；方差為 σ^2 的隨機誤差序列。

現有的半參數迴歸模型的估計方法包括兩步估計法、二階段估計法、穩健估計-M 估計、補償最小二乘估計法、泛最小二乘估計法等。下面介紹其中的兩步估計法，即將半參數模型分為兩部分：參數部分和非參數部分。對於參數部分利用最小二乘估計法或極大似然估計法估計，而對於非參數部分 $g(Z_i)$，則可採用核函數估計、k-鄰近估計、局部線性估計、多項式樣條估計等方法來估計。下面給定觀察數據 $(Y_i, Z_i)_{i=1, 2, \cdots, n}$，就極大似然估計法和核函數估計法給出半參數模型估計的具體步驟：

第一步，先假設 β 已知，來估計 $g(\cdot)$。將此模型移項得：

$$Y_i - \beta X_i = g(Z_i) + u_i \qquad (2-32)$$

選擇適合的窗寬 h_n，得到 $g(\cdot)$ 的核估計：

$$\hat{g}(z, \beta) = \sum_{i=1}^{n} W_{ni}(z) Y_i - \beta^T \sum_{i=1}^{n} W_{ni}(z) X_i \qquad (2-33)$$

其中，

[①] 楊科，陳浪南. 股市波動率的短期預測模型和預測精度評價 [J]. 管理科學學報，2012, 15 (5).

[②] 張俊，獨知行，張顯雲. 測量平差雙光滑參數解算半參數模型的研究 [J]. 測繪科學，2014, 39 (5).

[③] 黃凱. 半參數模型精度研究 [J]. 測繪工程，2013, 22 (3).

$$W_{ni}(z) = K(\frac{Z_i - z}{h_n}) / \sum_{j=1}^{n} K(\frac{Z_j - z}{h_n}) \qquad (2-34)$$

記

$$\hat{g}_1(z) = \sum_{i=1}^{n} W_{ni}(z) Y_i \qquad (2-35)$$

$$\hat{g}_2(z) = \sum_{i=1}^{n} W_{ni}(z) X_i \qquad (2-36)$$

則

$$Y_i - \beta X_i = \hat{g}_1(Z_i) - \beta \hat{g}_2(Z_i) + \nu_i \qquad (2-37)$$

第二步，估計 β，基於式子

$$Y_i - \hat{g}_1(Z_i) = \beta(X_i - \hat{g}_2(Z_i)) + \nu_i \qquad (2-38)$$

用極大似然估計法得到 β 的極大似然估計值 $\hat{\beta}$；

第三步，將 β 的估計值 $\hat{\beta}$ 代入 $g(\cdot)$ 的核估計式，可以得到 $g(\cdot)$ 的最終估計值：

$$\hat{g}(z) = \sum_{i=1}^{n} W_{ni}(z) Y_i - \beta \sum_{i=1}^{n} W_{ni}(z) X_i \qquad (2-39)$$

第四步，反覆第一、二步，并調整窗寬 h_n 直到 $g(\cdot)$ 不再變化，并且收斂速度逐步放慢直到停止，從而獲得滿意的結果。

其中的核函數可以選擇：高斯核 $K(u) = \frac{1}{\sqrt{2\pi}} \exp(-\frac{1}{2} u^2)$，均勻核 $K(u) = 0.5 I(u)_{\{|u| \leq 1\}}$，Epanechnikov 核 $K(u) = \frac{3}{4}(1-u^2)_+$，三角形核 $K(u) = (1-|u|)_+$，四次方核 $K(u) = \frac{15}{16}((1-|u|^2)_+)^2$，六次方核 $K(u) = \frac{70}{81}((1-|u|^3)_+)^2$ 等。

2.4 本章小結

本章對書中所涉及的相關理論與方法進行了梳理和綜述。首先簡述了人民幣匯率製度的發展沿革，分為兩個時期，改革開放後的 1979—2005 年，以及實行匯率改革的 2005 年至今，兩個時期分別實行的是釘住美元的匯率製度和有管理的浮動匯率製度。為了更好地分析人民幣匯率製度下的匯率變化，接下來介紹了匯率製度的發展沿革、傳統的匯率理論以及匯率均衡理論，這些理論

各有其優勢，也各有其適用的條件和範圍，對人民幣匯率的研究有一定的參考價值，但不完全適用於人民幣匯率的研究。本書構建了管理浮動製度下的人民幣匯率半參數模型，用於綜合分析人民幣匯率的趨勢和波動。因此最後介紹了非參數模型、半參數模型的一些估計方法及其研究現狀。通過以上相關理論與方法的綜述，可以確定本書研究的角度和特點。本書從管理浮動製度的角度對人民幣匯率進行實證分析；考慮分析中國人民銀行對人民幣匯率採取的外匯干預，并進一步驗證外匯干預對匯率波動的抑制效應；考慮人民幣匯率的管理浮動特徵，構建半參數模型分析人民幣匯率的趨勢與波動。

3 人民幣匯率趨勢與波動的特徵及檢驗

3.1 人民幣匯率趨勢的特徵及檢驗

匯率作為重要的金融工具，受到宏觀的經濟因素和微觀的外匯市場交易行為的綜合影響。宏觀的經濟因素包括中央銀行的外匯干預、對外的國際收支狀況、基準利率水平、國民收入、通貨膨脹等；微觀的外匯市場交易行為包括市場參與者的風險偏好、對市場價格的反應時滯、市場投機活動、訂單流等。匯率的變動趨勢及波動特徵是對以上宏觀微觀影響因素的綜合反應，從而導致匯率序列表現出顯著的非正態性、非對稱性、長記憶性、波動的聚集性等非線性特徵[1]。為了分析匯率的系統結構和變化規律，估計匯率的趨勢與波動，必須準確地把握匯率行為的複雜動態特徵和變化規律。下面就人民幣匯率序列的非線性特徵逐一進行描述和檢驗。

中國人民銀行於每個工作日的上午 9:15 對外公布人民幣兌美元匯率的中間價，作為人民幣在外匯市場交易的基準價。除美元以外的貨幣匯率中間價則根據上午 9:00 國際外匯市場上美元兌歐元、日元和港幣的匯率進行套算。由此可見，美元在外匯市場起主導作用。因此本書的研究對象選取人民幣兌美元匯率，數據來自中國經濟金融數據庫（CCER），取中國人民銀行每日公布的人民幣兌美元匯率的中間價。因為中國於 2005 年 7 月 21 日宣布實行匯率改革，因此數據選取從 2005 年 7 月 25 日起至 2013 年 12 月 27 日止，除去節假日

---

[1] 韓峰，謝赤，孫柏. 基於 IV-GARCH 模型的外匯干預有效性實證研究 [J]. 金融研究，2010（6）.

和無效數據，共2,130個樣本。參考大多數學者的研究，將金融數據序列進行對數變換，從而使得到的序列更穩定，進行估計或預測時的效果更好。因此本書將人民幣兌美元匯率的中間價序列取自然對數，得到匯率水平序列。匯率水平序列做一階差分，得到匯率波動序列。

3.1.1 非正態性

傳統的金融經濟學理論大都假設資產價格的時間序列是相互獨立的，服從或近似服從正態分布。但是在實際應用中，大量的實證檢驗結果表明，金融資產價格的時間序列并不服從正態分布，而是呈尖峰厚尾且非對稱的特徵。描述時間序列分布特徵的重要變量有均值、方差、偏度和峰度。偏度表示序列分布偏離對稱性的程度；峰度表示序列曲線頂端尖峭或扁平的程度。正態分布的偏度為0，峰度為3，以正態分布為參照標準，如果某時間序列的偏度為負，峰度遠遠大於3，則被認為具有「尖峰厚尾非對稱」特徵，即非正態性。大部分金融數據序列包括匯率序列都表現出這種非正態性。

在研究金融時間序列時，需要先檢驗序列的非正態性，再對匯率序列進行實證分析。關於非正態性的檢驗有不少的檢驗方法，包括Shapiro-Wilk W檢驗的逼近算法、多元t分布統計檢驗、Bootstrap技術等。其中Jarque和Bera (1987)[①] 對未知的隨機擾動序列，提出了利用Jarque-Bera檢驗方法進行正態性檢驗，此方法具有很好的穩健性和適用性，應用廣泛。

在眾多的檢驗方法中，由於Jarque-Bera檢驗穩定實用，因此本書採用該方法檢驗匯率序列的非正態性。Jarque-Bera統計檢驗的原假設和備擇假設為：

HB_{0B}：樣本時間序列服從正態分布。

HB_{1B}：樣本時間序列不服從正態分布。

樣本時間序列$\{x_i\}$的偏度S為：

$$S = \frac{\frac{1}{n}\sum_{i=1}^{n}(x_i - \bar{x})^2}{\left[\frac{1}{n}\sum_{i=1}^{n}(x_i - \bar{x})^2\right]^{\frac{3}{2}}} \quad (3-1)$$

樣本時間序列$\{x_i\}$的峰度K為：

[①] Jarque C M, Bera A K. A test for normality of observations and regression residuals [J]. International Statistical Review/Revue Internationale de Statistique, 1987.

$$K = \frac{\frac{1}{n}\sum_{i=1}^{n}(x_i - \bar{x})^4}{\left[\frac{1}{n}\sum_{i=1}^{n}(x_i - \bar{x})^2\right]^2} \quad (3-2)$$

Jarque-Bera 統計量 JB 為：

$$JB = \frac{n}{6}(S^2 + \frac{1}{4}(K-3)^2) \quad (3-3)$$

其中，n 為樣本時間序列 $\{x_i\}$ 的樣本容量；$\bar{x}$ 為樣本均值。正態分布隨機變量序列的偏度為 0，峰度為 3，若樣本時間序列服從正態分布，則 JB 統計量近似服從自由度為 2 的 χ^2 分布，即：

$$JB \sim \chi^2(2)。$$

當待檢驗的樣本時間序列的偏度不等於 0，說明樣本時間序列的概率密度函數是非對稱的：當偏度 $S < 0$ 時，樣本時間序列左偏；當偏度 $S > 0$ 時，樣本時間序列右偏。同樣地，當待檢驗的樣本時間序列的峰度大於 3，說明樣本時間序列的概率密度函數較正態分布的要尖，呈尖峰狀態，而右尾部的概率密度函數較正態分布的要厚，呈厚尾狀態。同時，JB 統計量顯著地增大，不服從 χ^2 分布，說明樣本時間序列很有可能不服從正態分布。通過 Jarque-Bera 統計檢驗，可以準確度量匯率時間序列的尖峰厚尾特徵，還可以檢驗擬合方程的殘差序列的正態性，從而對匯率趨勢的分析和預測提供依據，并評價分析預測結果的優劣。

3.1.2 非正態性檢驗

本書對人民幣兌美元匯率進行分析，首先檢驗匯率序列的非正態性。樣本為 1 美元兌人民幣匯率的每日中間價，從 2005 年 7 月 25 日至 2014 年 12 月 31 日，除去節假日和無效數據，共 2,377 個樣本。將樣本數據匯率中間價取對數，得到匯率水平序列 X_t。匯率水平序列再做一階差分，得匯率波動序列 $\Delta S_t = X_t - X_{t-1}$。

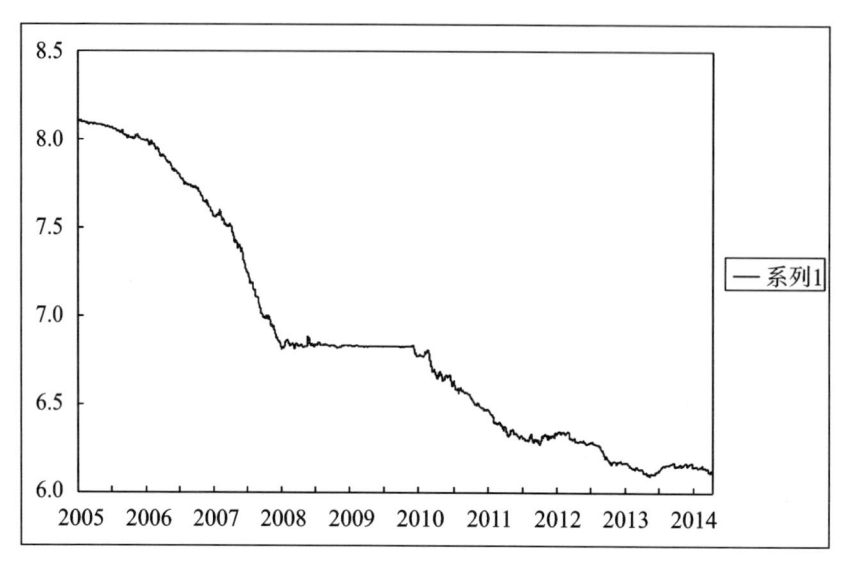

圖 3-1　2005—2014 年人民幣兌美元匯率中間價走勢圖

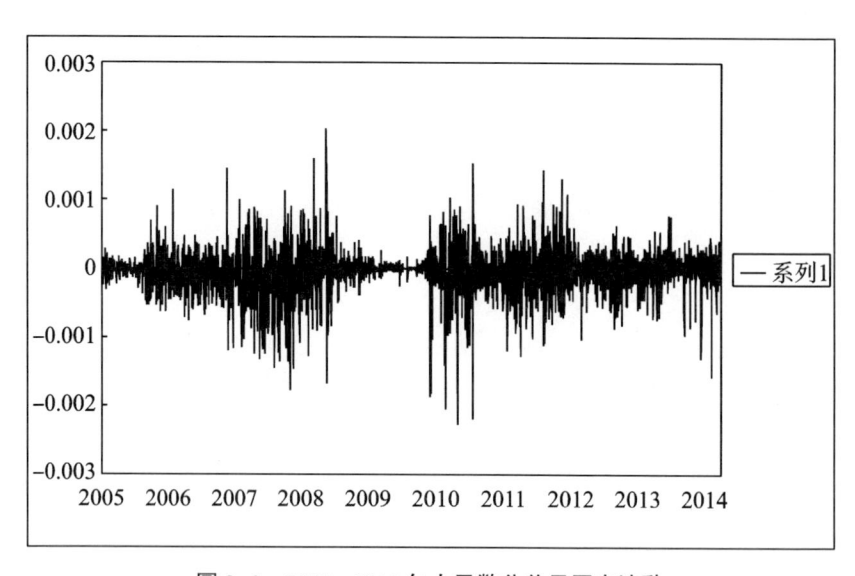

圖 3-2　2005—2014 年人民幣兌美元匯率波動

由匯率中間價序列圖 3-1 和收益率序列圖 3-2 可以看出自 2005 年匯改以來，人民幣兌美元匯率大致呈三種趨勢：2005—2008 年由於剛剛開始匯率改革，匯率價格快速下降，人民幣快速升值，同時波動的幅度也慢慢變大；2008—2010 年由於國際金融危機的影響，中國央行為了保護人民幣不受衝擊，採取了外匯干預手段，使人民幣匯率價格保持在 6.8 附近，這段時期匯率波動

幾乎為零；2010年央行繼續進一步推進人民幣匯率改革，匯率價格再次下降，人民幣繼續升值，同時這一時期的匯率波動也較大，持續到2012年後，波動較為平緩；進入2014年後，人民幣匯率開始呈貶值趨勢，出現較為明顯的波動。有鑒於此，在對匯率行為特徵進行檢驗時，將樣本分為3個子樣本，分別為樣本一：2005年7月25日至2008年6月16日，2008年6月17日起人民幣兌美元匯率跌破「6.9」，為1美元兌6.892,8元人民幣。樣本二：2008年6月17日至2010年6月24日，這一時期與美聯儲公布的金融危機時間（2007年12月1日至2009年6月1日）有些出入，因為中國對此反應稍有滯後，另外2010年6月25日起人民幣兌美元匯率再次跌破「6.8」，為1美元兌6.789,5元人民幣，樣本二時期的匯率一直持續在6.8。樣本三：2010年6月25日至2014年12月31日。

總樣本和三個子樣本的匯率水平序列和匯率波動序列分別進行描述性統計分析，結果如下：

表3-1　　　　　　　　匯率水平序列描述性統計

	樣本個數	均值	方差	最大值	最小值	峰度	偏度
總樣本	2,377	0.841,1	0.001,5	0.909,2	0.785,1	2.905,7	0.457,7
樣本一	747	0.887,4	0.000,4	0.909,2	0.839,0	2.645,8	-0.881,5
樣本二	520	0.834,6	5.19E-07	0.838,4	0.832,4	9.549,7	2.204,9
樣本三	1,110	0.805,1	0.000,2	0.833,1	0.785,7	2.423,5	0.626,3

表3-2　　　　　　　　匯率波動序列描述性統計

	均值	方差	最大值	最小值	峰度	偏度
總樣本	-0.000,1	0.000,0	0.002,0	-0.002,3	7.343,3	-0.517,6
樣本一	-9.4E-05	1.31E-07	0.001,5	-0.001,8	5.696,6	-0.513,1
樣本二	-1E-05	9.19E-08	0.002,0	-0.001,9	14.841,0	-0.021,1
樣本三	-5.6E-05	1.62E-07	0.001,5	-0.002,3	6.375,4	-0.598,6

由表3-1可以看出匯率水平序列的三個子樣本的描述性統計量有所區別，樣本一和樣本三的方差大小差不多，樣本一的最大值與最小值的差距大概為0.07，樣本二則為0.006，樣本三與樣本一差不多，為0.05，這與前文所述央行實行的貨幣政策相吻合。三個樣本的峰度都與正態分布的峰度3相差較大。樣本一的偏度為負，說明這個時期內匯率價格高於平均價格的天數更多，樣本

二、樣本三則為正，說明這個時期內匯率價格低於平均價格的天數更多，即人民幣升值的天數更多。由表3-2匯率波動序列反應匯率的波動情況，三個樣本的均值都為負，說明人民幣匯率平均處於上升狀態。與匯率水平序列一致，樣本一與樣本三的描述統計量差別不大。樣本二則與另兩個樣本不同，均值更小，說明匯率波動很小，峰度更大，呈尖峰狀態。三個樣本的偏度都為負，均為左偏。上述描述性統計結果說明2005—2008年的匯率趨勢為上升狀態，匯率波動較大；2008—2010年的匯率趨勢變化不大，匯率波動很小；2010—2014年的匯率有上升有下降，但匯率趨勢總體表現為上升狀態，匯率波動較大。2005—2008年與2010—2014年兩個時期的匯率均呈上升趨勢，波動較大，而2008—2010年這段時期匯率趨勢變化不大。上述描述性統計結果證實區分三個子樣本的必要性，這樣更能很好地把握匯率的價格趨勢和波動範圍。

根據前文描述，對匯率水平序列和匯率波動序列分別進行J-B統計檢驗，以判斷樣本序列是否存在非正態特徵。檢驗結果如下：

表3-3　　　　　　　　　匯率水平序列的正態檢驗

	總樣本	樣本一	樣本二	樣本三
J-B 統計量	180.876,3	100.525	1,305.731	68.299,7
p 值	0.000,0	0.000,0	0.000,0	0.000,0

表3-4　　　　　　　　　匯率波動序列的正態檢驗

	總樣本	樣本一	樣本二	樣本三
J-B 統計量	1,697.749	266.861,6	2,715.883	438.974
p 值	0.000,0	0.000,0	0.000,0	0.000,0

匯率水平序列和匯率波動序列的 J-B 統計量都顯著大於 χ^2 分布95%置信水平的臨界值，伴隨概率值均為0，結合前面的描述性統計量偏度和峰度，這兩個序列具有顯著的非正態性，且都呈「尖峰厚尾」性態。厚尾性越明顯說明狀態持續越長，匯率的歷史信息對未來的匯率預測很重要。

3.2 人民幣匯率波動的特徵及檢驗

3.2.1 波動的長記憶性

匯率時間序列的長記憶性是指匯率之前的價格或收益率對其將來的價格或收益率有持續性的影響。匯率時間序列的自相關函數呈雙曲率緩慢衰減過程，匯率的收益率反應了價格的波動，研究收益率序列的長記憶性對分析匯率的走勢和波動有很重要的作用。匯率的波動反應了匯率市場的風險程度，波動的長記憶性則描繪了衝擊對匯率波動的持續影響效果，可以作為外匯干預的重要參考。長記憶性已經成為研究金融資產收益率時的重要考量因素，其研究有助於分析匯率行為變化趨勢，同時也對控製匯率波動風險有重要的意義。

時間序列的長記憶性定義為：時間序列 $\{x_i\}$，設 k 階自相關函數為 $\rho(k)$，觀察次數為 n，如果滿足 $\lim\limits_{n\to\infty}\sum\limits_{k=-n}^{n}|\rho(k)|=\infty$，則稱時間序列 $\{x_i\}$ 具有長記憶性。

長記憶性最早由 Hurst（1951）[1] 在研究水文數據時提出，并且用 Hurst 指數來衡量長記憶性的程度。Mandelbrot（1969）[2] 發現物理、水文、氣象等學科的時間序列中也存在長記憶性，提出經典的 R/S 分析方法（Classical Rescaled Range）用於檢驗序列的長記憶性。針對 R/S 方法由於計算中 n 取值不同導致估計結果不同的缺陷，Ohta，Beall 等（1991）[3] 提出修正的 R/S 分析方法，在短記憶干擾的情況下仍然可以檢驗長記憶性。除了水文數據，有學者發現金融時間序列也存在長記憶性。Pan 和 Liu（1999）[4] 研究匯率系統的協整關係時，發現匯率序列存在長記憶性，并且協整與長記憶性有關。Baillie

---

[1] Hurst H. E. The long-Term Storage Capacity of Reservoirs. Transcactions of the American Society of Civil Engineers, 1951 (116).

[2] Mandelbrot, B. B., Wallis, J. R. Robustness of the Rescaled Range R/S in the Measurement of Noncyclic Long-run Statistical Dependence. Water Resour Research, 1969 (5).

[3] Ohta K, Beall D S, Mejia J P, et al. Genetic improvement of Escherichia coli for ethanol production: chromosomal integration of Zymomonas mobilis genes encoding pyruvate decarboxylase and alcohol dehydrogenase II [J]. Applied and Environmental Microbiology, 1991, 57 (4).

[4] Ming-Shiun Pan, Y. Angela Liu. Fractional cointegration, long memory, and exchange rate dynamics. International Review of Economics & Finance, 1999, 8 (3).

等（2004）① 研究歐元匯率時發現非線性、長記憶性、自相關特徵，并比較分析了存在長記憶性和去掉長記憶性的匯率收益率。Dufrenot 等（2008）② 研究發現歐元匯率序列存在長記憶性和非線性，并且長記憶性對歐元匯率與均衡匯率的偏差有影響。關於金融時間序列的長記憶性研究，國內學者張世英、劉菁（1999）③ 研究了金融時間序列的長記憶性以及檢驗方法 ARFIMA，并對消費者價格指數序列用 ARFIMA 方法檢驗其長記憶性，并進行分整建模。餘俊、方愛麗、熊文海（2008）④ 研究 31 個國家和地區的股票指數，利用修正的 R/S 檢驗方法和 V/S 檢驗方法檢驗了股票指數的長記憶性。結果顯示大多數發展中國家的股市存在長記憶性，中國股市股票指數的長記憶性最強。楊楠、柳預才（2013）⑤ 研究了國際金價波動的長記憶性，分別利用了 R/S 方法、MRS 分析方法、V/S 方法等計算 Hurst 指數。結果證明金價的波動存在著顯著的長記憶性，并由此借助分數差分，構建了 ARFIMA，FIGARCH，ARFIMA - GARCH 等長記憶性預測模型來研究國際金價的波動規律。

目前，大多數學者用於檢驗時間序列長記憶性的方法有：自相關函數判別法、R/S 檢驗法、修正的 R/S 檢驗法、ARFIMA（分整自迴歸移動平均）檢驗法等。

R/S 檢驗法又叫重新標記的極差統計方法。其基本思想為：若時間序列是隨機遊走的，累積離差的極差應該是與觀測值個數的平方根成正比的，用觀測值的標準差除以極差得到一個無量綱的比率，就是 Hurst 指數。具體步驟如下：

將時間序列 $\{X_t\}$，$t = 1, 2, 3, \cdots, T$，分成 m 個長度為 n 的子區間，$T = n \cdot m$，記每個子區間為 I_l，$l = 1, 2, 3, \cdots, m$，每個觀測值為 $x_{i,l}$，每個子區間 I_l 的均值為：

---

① RT Baillie, AA Cecen, C Erkal, YW Han. Measuring non-linearity, long memory and self-similarity in high-frequency European exchange rates. Journal of International Financial Markets, Institutions and Money, 2004, 14 (5).

② Dufrénot G, Lardic S, Mathieu L, et al. Explaining the European exchange rates deviations: Long memory or non-linear adjustment? [J]. Journal of International Financial Markets, Institutions and Money, 2008, 18 (3).

③ 張世英，劉菁. 長記憶性時間序列及其預測 [J]. 預測，1999 (3).

④ 餘俊，方愛麗，熊文海. 國際股票市場收益的長記憶性比較研究 [J]. 中國管理科學，2008, 16 (4).

⑤ 楊楠，柳預才. 基於分形分析的國際金價波動長記憶性識別與預測研究 [J]. 數理統計與管理，2013, 32 (5).

$$\bar{x}_l = \frac{1}{n} \sum_{i=1}^{n} x_{i,l} \qquad (3-4)$$

子區間 I_l 偏離均值的累積離差為：

$$X_{i,l} = \sum_{i=1}^{n} (x_{i,l} - \bar{x}_l) \qquad (3-5)$$

用累積離差的最大值與最小值作差得子區間的極差：

$$R_l = \max_i(X_{i,l}) - \min_i(X_{i,l}) \qquad (3-6)$$

子區間的標準差為：

$$S_l = \sqrt{\frac{1}{n} \sum_{i=1}^{n} (x_{i,l} - \bar{x}_l)^2} \qquad (3-7)$$

用極差除以標準差就得到子區間的重標極差：

$$(R/S)_l = R_l/S_l \qquad (3-8)$$

將各個子區間的重標極差求出，得平均值為 $\overline{(R/S)}_T$。將 n 增大，重複以上步驟，直到 $n = \frac{T}{2}$。

重標極差 $(R/S)_l$ 與序列的分割長度 n 之間存在關係：

$$\log(R/S)_l = K + H\log(n) \qquad (3-9)$$

用最小二乘法求出上式中的系數 H，即為 Hurst 指數。如果 $H = 0.5$，則時間序列相互獨立且是隨機遊走的，滿足有效市場假說；如果 $0 < H < 0.5$，則時間序列具有反相關性，又稱為反持續性特徵；如果 $0.5 < H < 1$，則時間序列具有正相關性，由此判斷序列具有長記憶性特徵，且 H 越接近於 1，正相關性越強，長記憶性越明顯。

修正的 R/S 方法就是在 R/S 方法的運算步驟中將重標極差統計量 $(R/S)_l$ 的分母 S_l 修正為 $\sigma_l(q)$ 統計量：

$$\sigma_l^2(q) = S_l^2 + 2 \sum_{j=1}^{n} \omega_j(q) \gamma_j \qquad (3-10)$$

其中，S_l^2 為樣本方差，$\omega_j(q) = 1 - \dfrac{j}{q+1}$，$\gamma_j$ 為樣本自協方差，

$$\gamma_j = \frac{1}{n} \sum_{j=1}^{n} (x_j - \bar{x}_n)(x_{i-j} - \bar{x}_n) \qquad (3-11)$$

利用修正的重標極差統計量 $Q_l = \dfrac{R_l}{\sigma_l(q)}$，來計算得 Hurst 指數，

$$\log(R/\sigma)_l = K^* + H^*\log(n) \qquad (3-12)$$

判別標準與上述相同。

3.2.2 波動的長記憶性檢驗

本書對人民幣兌美元匯率進行分析，本小節檢驗匯率波動序列的長記憶性。樣本為 1 美元兌人民幣匯率的每日中間價，從 2005 年 7 月 25 日至 2014 年 12 月 31 日，除去節假日和無效數據，共 2,377 個樣本。將樣本數據匯率中間價取對數，得到匯率水平序列 X_t。匯率水平序列再做一階差分，得匯率波動序列 $\Delta S_t = X_t - X_{t-1}$。

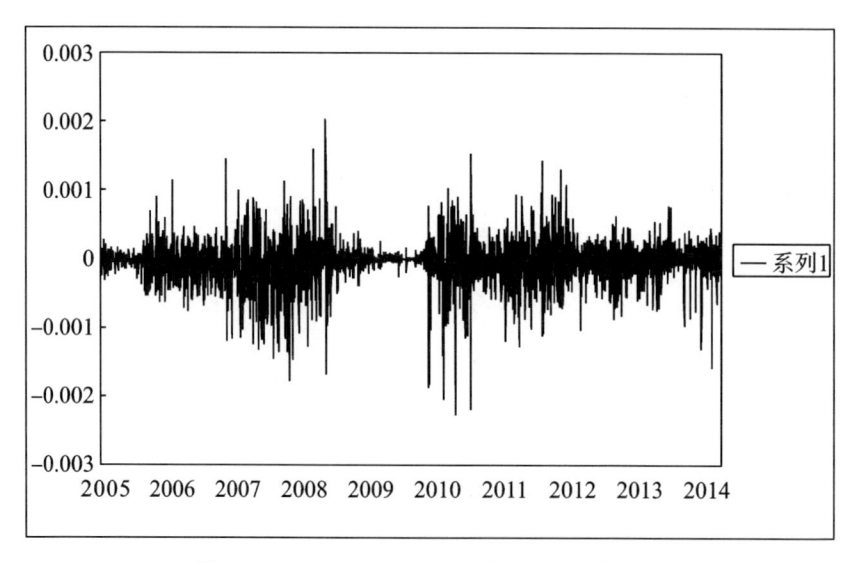

圖 3-3　2005—2014 年人民幣兌美元匯率波動

與上一節相同，對匯率波動特徵進行檢驗時，考慮特殊時點的國際金融危機事件、國內外匯改革措施等國內外政治經濟對人民幣匯率的影響，將樣本分為 3 個子樣本，分別為樣本一：2005 年 7 月 25 日至 2008 年 6 月 16 日，2008 年 6 月 17 日起人民幣兌美元匯率跌破「6.9」，為 1 美元兌 6.892,8 元人民幣。這個階段人民幣處於波動中快速升值階段。樣本二：2008 年 6 月 17 日至 2010 年 6 月 24 日，這一時期與美聯儲公布的金融危機時間（2007 年 12 月 1 日至 2009 年 6 月 1 日）有些出入，因為中國對此反應稍有滯後，另外 2010 年 6 月 25 日起人民幣兌美元匯率再次跌破「6.8」，為 1 美元兌 6.789,5 元人民幣，樣本二時期的匯率一直持續在 6.8。為了應對全球金融危機，人民幣兌美元匯率短期波動後維持在一個狹小的區間內。樣本三：2010 年 6 月 25 日至 2014 年 12 月 31 日。2010 年 6 月央行宣布二次匯改後，人民幣兌美元匯率先是呈明顯的上升趨勢，近期則出現輕微的下降趨勢，并且伴隨明顯的雙向波動特徵。

利用 Matlab 編程計算 Hurst 指數，對人民幣兌美元匯率波動序列進行長記憶性檢驗。將收益率序列的總樣本和三個子樣本分別用 R/S 檢驗方法和修正的 R/S 檢驗方法。結果如下表：

表 3-5　　　　　人民幣兌美元波動序列的長記憶性檢驗

收益率	R/S 檢驗方法		修正的 R/S 檢驗方法	
	H	p 值	H^*	p 值
總樣本	0.5984	0.0000	0.5972	0.0000
樣本一	0.6561	0.0000	0.6639	0.0000
樣本二	0.7658	0.0000	0.7396	0.0000
樣本三	0.6497	0.0000	0.6584	0.0000

人民幣兌美元的波動序列經 R/S 檢驗法和修正的 R/S 檢驗法，計算得 Hurst 指數 H 均大於 0.5，說明該波動序列具有正相關性，由此判斷序列具有長記憶性特徵。波動的長記憶性描繪了衝擊對匯率波動的持續影響效果，即中國人民銀行對人民幣匯率的干預會持續影響匯率的波動變化。人民幣匯率時間序列具有長記憶性，傳統金融理論的有效市場理論和布朗運動將不再成立，說明歷史的匯率波動信息有助於預測未來的匯率價格和波動。

3.2.3　波動的聚集性

匯率波動的聚集性是指在一段時間內，相似特徵的波動會成群出現，大幅波動之後會跟著大幅波動，小幅波動之後會跟著小幅波動。經研究發現造成波動聚集的原因是匯率收益率序列的方差存在異方差性的反應，因此，自迴歸條件異方差模型可以很好地刻畫和解釋匯率行為的波動時變性。

Engle（1982）[①] 最先提出分析時間序列的自迴歸條件異方差模型（Auto Regressive Conditional Heteroskedasticity，ARCH），用於描述波動的時變性，反應方差的變化特點，ARCH 模型很好地解釋了時間序列中的波動聚集現象，一經提出便廣泛地被用於時間序列的分析。Bollerslev（1986）[②] 應用自迴歸移動平均模型（Auto Regressive Moving Average，ARMA）來擬合時間序列的方差，

[①] Engle R F. Autoregressive conditional heteroscedasticity with estimates of the variance of United Kingdom inflation [J]. Econometrica: Journal of the Econometric Society, 1982, 50 (4).

[②] Bollerslev T. Generalized autoregressive conditional heteroskedasticity [J]. Journal of econometrics, 1986, 31 (3).

拓展了 ARCH 模型，并給出了廣義自迴歸條件異方差模型（Generalized Auto Regressive Conditional Heteroskedasticity，GARCH）的完整定義，使 ARCH 模型得到更廣泛的應用。此後，眾多學者將 GARCH 模型拓展為 IGARCH 模型、GJR-GARCH 模型、EARCH 模型、GARCH-M 模型、TGARCH 模型、QGARCH 模型等，形成 GARCH 族模型。

匯率波動的聚集效應是由於不同的信息流綜合所導致的，不同經濟形勢的轉換可能導致匯率波動的出現。Lux 和 Marchesi（2000）[1] 的研究表明資產收益的波動聚集產生於市場參與者的行為，說明匯率的波動聚集性是由於投資者的慣性所導致的。魏英輝（2009）[2] 用 GARCH 模型對匯改後的人民幣匯率進行了實證研究，結果發現人民幣兌主要貨幣的匯率行為存在尖峰厚尾特性和波動聚集性。惠曉峰等（2003）[3] 用 GARCH 模型研究人民幣匯率，實證發現 GARCH 模型預測的匯率與實際匯率非常接近，擬合的曲線可以很好地描述匯率的實際走勢。

匯率時間序列的異方差特徵可以通過對時間序列進行差分，以去除異方差性，首先得對異方差性的存在進行檢驗。異方差性的檢驗方法很多，其中一大類是基於最大似然估計原理，有 Wald 檢驗、似然比（likelihood ratio，LR）檢驗和拉格朗日乘數（Lagrange Multiplier，LM）檢驗等；另一類是基於最小二乘原理，有 White 檢驗、ARCH 檢驗、Park 檢驗和 Glejser 檢驗等。這些檢驗方法對樣本容量較大的匯率時間序列都有較好的檢驗效果。其中的 GARCH 檢驗方法及其衍生的 GARCH 類模型，由於其簡單直觀，同時可以很好地描述匯率行為的波動特徵，因此越來越多地被應用到匯率行為的研究中。因此，本書選用 GARCH 模型來檢驗匯率時間序列的波動聚集性。原假設為：匯率時間序列不存在波動的聚集性，匯率水平序列的殘差不存在異方差。另外還用 TGARCH 模型檢驗時間序列的波動是否存在非對稱效應。

ARCH 模型：

隨機變量 y_t 和 $\{x_t\}$ 滿足下式：

$$y_t = \beta_0 + \beta_1 x_1 + \beta_2 x_2 + \cdots + \beta_T x_T + \varepsilon_t \tag{3-13}$$

若隨機過程 $\{\varepsilon_t\}$ 的平方 ε_t^2 服從 AR（q）過程，即

---

[1] Lux T, Marchesi M. Volatility clustering in financial markets: a microsimulation of interacting agents [J]. International Journal of Theoretical and Applied Finance, 2000, 3 (4).

[2] 魏英輝. 匯改後人民幣匯率波動特性的實證分析 [J]. 改革與戰略, 2009, 25 (4).

[3] 惠曉峰, 柳鴻生, 胡偉, 等. 基於時間序列 GARCH 模型的人民幣匯率預測 [J]. 金融研究, 2003 (5).

$$\varepsilon_t^2 = \alpha_0 + \alpha_1 \varepsilon_{t-1}^2 + \alpha_2 \varepsilon_{t-2}^2 + \cdots + \alpha_q \varepsilon_{t-q}^2 + \eta_t \tag{3-14}$$

其中 $\{\eta_t\}$ 獨立同分布，滿足 $E(\eta_t) = 0$，$D(\eta_t) = \lambda^2$，$\alpha_0 > 0$，$\alpha_i \geq 0 (i = 1$，2，$\cdots$，$q)$，則 $\{\varepsilon_t\}$ 服從 q 階的 ARCH 過程，記作 $\varepsilon_t \sim$ ARCH (q)。當系數不顯著為零時，說明時間序列存在 ARCH 效應，即時間序列存在波動的聚集性。進一步對殘差序列用 GARCH 模型建模進行討論。

GARCH 模型：

隨機變量 y_t 和 $\{x_t\}$ 滿足下式：

$$y_t = \beta_0 + \beta_1 x_1 + \beta_2 x_2 + \cdots + \beta_T x_T + \varepsilon_t \tag{3-15}$$

若隨機過程 $\{\varepsilon_t\}$ 為：

$$\varepsilon_t = \sigma_t \nu_t \tag{3-16}$$

隨機過程 $\{\sigma_t\}$ 的平方 σ_t^2 是滯後擾動平方和滯後條件方差的函數，即

$$\sigma_t^2 = \alpha_0 + \sum_{i=1}^{q} \alpha_i \varepsilon_{t-i}^2 + \sum_{i=1}^{p} \beta_i \sigma_{t-i}^2 \tag{3-17}$$

其中 $p \geq 0$，$q \geq 0$，$\alpha_0 > 0$，$\alpha_i \geq 0(i = 1$，2，$\cdots$，$q)$，$\beta_i \geq 0(i = 1$，2，$\cdots$，$p)$，p 是 GARCH 的階數，q 是 ARCH 的階數，則 $\{\varepsilon_t\}$ 服從 q 階的 ARCH 過程，記作 $\varepsilon_t \sim$ GARCH (p, q)。

還可以對殘差序列用 TGARCH 模型建模，以檢驗序列是否存在非對稱效應。

TGARCH 模型

$$\sigma_t^2 = \alpha_0 + \sum_{i=1}^{q} \alpha_i \varepsilon_{t-i}^2 + \sum_{i=1}^{p} \beta_i \sigma_{t-i}^2 + \sum_{i=1}^{r} \gamma_i \varepsilon_{t-i}^2 d_{t-i} \tag{3-18}$$

其中 $p \geq 0$，$q \geq 0$，$r \geq 0$，$\alpha_0 > 0$，$\alpha_i \geq 0(i = 1$，2，$\cdots$，$q)$，$\beta_i \geq 0(i = 1$，2，$\cdots$，$p)$，$\gamma_i \geq 0(i = 1$，2，$\cdots$，$r)$。若 $r = 0$ 顯著成立，則序列不存在非對稱性效應；若 $r \neq 0$，則序列存在非對稱性效應。其中若 $r > 0$，則序列存在槓桿效應，即非對稱效應的作用是使得波動加大；若 $r < 0$，則非對稱性效應的作用是使得波動減小。

3.2.4 波動的聚集性檢驗

本書對人民幣兌美元匯率進行分析，本小節驗證匯率波動序列的聚集性。樣本為 1 美元兌人民幣匯率的每日中間價，從 2005 年 7 月 25 日至 2014 年 12 月 31 日，除去節假日和無效數據，共 2,377 個樣本。將樣本數據匯率中間價序列取對數，得到匯率水平序列 X_t。匯率水平序列再做一階差分，得匯率波動序列 $\Delta S_t = X_t - X_{t-1}$。與上一節相同，對匯率波動特徵進行檢驗時，考慮特殊時點的國際金融危機事件、國內外匯改革措施等國內外政治經濟對人民幣匯

率的影響，將樣本分為3個子樣本，分別為樣本一：2005年7月25日至2008年6月16日，2008年6月17日起人民幣兌美元匯率跌破「6.9」，為1美元兌6.892,8元人民幣。樣本二：2008年6月17日至2010年6月24日，這一時期與美聯儲公布的金融危機時間（2007年12月1日至2009年6月1日）有些出入，因為中國對此反應稍有滯後，另外2010年6月25日起人民幣兌美元匯率再次跌破「6.8」，為1美元兌6.789,5元人民幣，樣本二時期的匯率一直持續在「6.8」。樣本三：2010年6月25日至2014年12月31日。

本章選用GARCH模型來檢驗匯率時間序列的波動聚集性。原假設為：匯率水平序列不存在波動的聚集性，匯率水平序列的殘差不存在異方差。首先對人民幣兌美元匯率水平序列和匯率波動序列作平穩性檢驗，對總樣本和三個子樣本序列進行ADF單位根檢驗。用Eviews軟件進行處理，軟件根據AIC準則自動選擇滯後階數，選擇有截距項而沒有趨勢項的模型進行ADF檢驗。結果如下：

表3-6　　人民幣兌美元匯率水平序列和波動序列平穩性檢驗

匯率水平序列	ADF統計量	p值	匯率波動序列	ADF統計量	p值
總樣本	−1.331,7	0.616,8	總樣本	−47.001,0	0.000,1
樣本一	5.254,4	1.000,0	樣本一	−21.752,9	0.000,0
樣本二	−6.377,2	0.000,0	樣本二	−25.158,7	0.000,0
樣本三	−1.616,2	0.473,9	樣本三	−29.436,4	0.000,0

在0.05的顯著性水平下，人民幣兌美元匯率水平序列除樣本二外接受存在一個單位根的原假設，說明匯率水平序列是非平穩的。匯率水平序列的樣本二是平穩的，這主要因為樣本二的區間是金融危機期間，中國人民銀行採取了較嚴格的外匯管制，以保證人民幣匯率不受外部衝擊所致。匯率波動序列則在0.05的顯著性水平之下，總樣本和三個子樣本都拒絕存在一個單位根的原假設，說明匯率波動序列是平穩的。這與國內外學者對金融市場波動性的研究是一致的，金融資產的價格普遍存在一個單位根，是非平穩的，而波動序列即波動大都是平穩的。

接下來對人民幣兌美元匯率的波動序列進行波動的聚集性檢驗，用LM檢驗序列是否存在ARCH效應。對總樣本和三個子樣本分別選滯後1至5階的LM檢驗，檢驗結果如下：

表 3-7　　　　　人民幣兌美元匯率波動的 ARCH 效應檢驗

	滯後階數	1	2	3	4	5
總樣本	F 統計量	0.253,8 (0.614,5)	42.825,5 (0.000,0)	34.681,9 (0.000,0)	37.398,4 (0.000,0)	30.486,8 (0.000,0)
	LM 統計量	0.254,0 (0.614,3)	82.451,5 (0.000,0)	99.375,7 (0.000,0)	140.075,8 (0.000,0)	142.615,6 (0.000,0)
樣本一	F 統計量	0.097,8 (0.754,6)	6.339,3 (0.001,9)	4.301,7 (0.005,1)	6.100,7 (0.000,1)	5.920,9 (0.000,0)
	LM 統計量	0.098,1 (0.754,2)	12.514,2 (0.001,9)	12.750,4 (0.005,2)	23.771,8 (0.000,1)	28.674,7 (0.000,0)
樣本二	F 統計量	0.077,8 (0.780,4)	32.358,3 (0.000,0)	28.515,7 (0.000,0)	21.402,0 (0.000,0)	17.411,7 (0.000,0)
	LM 統計量	0.078,1 (0.779,9)	57.826,8 (0.000,0)	73.892,0 (0.000,0)	74.041,5 (0.000,0)	75.219,4 (0.000,0)
樣本三	F 統計量	0.210,1 (0.646,8)	11.603,3 (0.000,0)	7.998,6 (0.000,0)	9.549,0 (0.000,0)	6.917,9 (0.000,0)
	LM 統計量	0.210,6 (0.646,3)	22.674,5 (0.000,0)	23.450,4 (0.000,0)	36.775,0 (0.000,0)	33.474,2 (0.000,0)

由檢驗結果可知，在 0.05 的顯著性水平下，除了 1 階滯後，總樣本和三個子樣本的 ARCH-LM 統計量均落在臨界值之外，伴隨概率 p 值均小於 0.05，因此拒絕原假設，認為波動序列的殘差存在高階 ARCH 效應。從滯後各階的假設檢驗的 p 值均可顯著地否定原假設，即波動序列的殘差存在異方差，波動序列存在波動的聚集性。

接下來檢驗序列是否存在非對稱性，因此對殘差序列的誤差項進一步建立 TGARCH 模型分析波動的對稱性，分別對匯率波動序列的總樣本和三個子樣本建立 TGARCH(1,1) 模型。

TGARCH (p, q) 模型的方差方程：

$$\sigma_t^2 = \alpha_0 + \sum_{i=1}^{q} \alpha_i \varepsilon_{t-i}^2 + \sum_{i=1}^{p} \beta_i \sigma_{t-i}^2 + \sum_{i=1}^{r} \gamma_i \varepsilon_{t-i}^2 d_{t-i} \qquad (3-19)$$

檢驗結果如下：

表 3-8　　　人民幣兌美元匯率波動序列的 TARCH 建模結果

	總樣本		
	Log likelihood	AIC 值	不顯著系數
TGARCH(1,1)	14,274.21	-13.385,8	無

表 3-9　　　人民幣兌美元匯率波動序列的 ARCH 類模型建模（樣本一）

	樣本一		
	Log likelihood	AIC 值	不顯著系數
TGARCH(1,1)	4,998.949	-13.370,7	gg

表 3-10　　人民幣兌美元匯率波動序列的 ARCH 類模型建模（樣本二）

	樣本二		
	Log likelihood	AIC 值	不顯著系數
TGARCH(1,1)	3,732.315	-14.335,8	gg

表 3-11　　人民幣兌美元匯率波動序列的 ARCH 類模型建模（樣本三）

	樣本三		
	Log likelihood	AIC 值	不顯著系數
TGARCH(1,1)	5,578.856	-12.917,4	gg

　　首先來看人民幣兌美元匯率波動序列的總樣本，TGARCH 模型的系數顯著不為零，說明該波動序列存在非對稱性效應，且非對稱項的系數 $r = -0.047,0 < 0$，說明好消息和壞消息對匯率水平的衝擊使波動減小。而三個子樣本的 TGARCH 模型的系數顯著為零，說明各個時期的波動序列均不存在非對稱性效應。

　　樣本一、樣本二和樣本三均不存在波動的非對稱性效應，而總樣本卻存在波動的非對稱性效應，且系數為負，這可能是由於三段樣本的特徵太過於不同，合在一起反而會有偏差，所以應分別參考各個樣本的統計結果，波動序列不存在非對稱性效應，即波動沒有槓桿效應。

3.3　本章小結

本章分析了匯率水平序列和匯率波動序列的非線性特徵，包括非正態性、長記憶性、波動的聚集性。

非正態性表示匯率水平序列不服從正態分布，呈尖峰厚尾非對稱的特徵，本章採用 J–B 統計量來檢驗匯率水平序列的非正態性。檢驗結果顯示匯率水平序列和匯率波動序列的 J–B 統計量都顯著大於 χ^2 分布 95% 置信水平的臨界值，結合兩個序列的偏度和峰度，這兩個序列具有顯著的非正態性，且都呈「尖峰厚尾」性態。其理論意義在於：厚尾性越明顯說明狀態持續越長，匯率的歷史信息對未來的匯率預測很重要。

長記憶性指匯率之前的價格或收益率對其將來的價格或收益率有持續性的影響，匯率時間序列的自相關函數呈雙曲率緩慢衰減過程，遠距離的觀測值之間仍然存在較顯著的相關性。對匯率波動序列分別用 R/S 檢驗方法和修正的 R/S 檢驗方法檢驗其長記憶性，檢驗結果顯示匯率波動序列具有正相關性，由此判斷該序列具有長記憶性特徵。其理論意義在於：人民幣匯率時間序列具有長記憶性，傳統金融理論中的有效市場理論和布朗運動將不再成立，說明歷史的匯率波動信息有助於預測未來的匯率價格和波動。

匯率波動的聚集性是指在一段時間內，匯率價格出現大幅波動之後會接著出現大幅波動，小幅波動之後則跟著小幅波動，匯率波動序列的方差有一定的自相關性，表現為波動的聚集現象。本章選用 TGARCH 模型檢驗匯率波動序列是否存在非對稱效應，對人民幣兌美元匯率波動進行檢驗。結果顯示序列存在 ARCH 效應，殘差存在異方差，即匯率波動序列存在波動的聚集性，同時波動序列不存在非對稱性效應，即波動沒有槓桿效應。其理論意義在於：匯率波動序列存在聚集性，則歷史的匯率波動信息有助於預測未來的匯率價格和波動。

4 基於 k-GMDH 模型的人民幣匯率趨勢分析

4.1 引言

匯率作為一國的重要金融指標，是國際金融系統健康有序發展的重要因素。匯率的走勢對國際貿易、國際資金流動和國際資產組合管理都有著重要的影響。各國匯率製度的選擇、國際經濟金融環境的變化以及國內經濟因素的影響都可能導致匯率的異常變動，導致國際經濟交易中的不確定性大大增加。對匯率趨勢的準確把握和有效預測，對一國經濟穩定發展有著重要意義。

傳統的匯率預測方法以匯率決定理論和匯率均衡理論為基礎，在匯率與影響匯率的各種經濟變量之間建立線性參數模型。但是隨著金融理論的發展，計量分析技術的提高，越來越多的研究表明匯率系統具有複雜的非正態性、長記憶性、波動聚集性等非線性特徵，傳統的線性參數模型不能很好地描述匯率序列的非線性特徵，容易造成設定誤差，不能很好地解釋匯率時間序列的變化趨勢。相對於參數模型，非參數模型有較大的適應性，不需要預先人為設定變量之間的關係，更適用於解決經濟金融中的複雜非線性問題。因此，近年來越來越多的非線性非參數研究方法被應用到匯率行為的研究中，以更好地揭示匯率行為隨機現象的複雜變化規律。比如神經網路（Artificial Neural Network，ANN）[1]、支持向量機（Support Vector Machine，SVM）[2]、最小二乘支持向量機

---

[1] M. Alvarez-Diaz and A. Alvarez. Forecasting Exchange Rates Using an Evolutionary Neural Network [J]. Applied Financial Economics Letters, 2007, 3 (1).

[2] Shan-Chang Huang, Pei-Ju Chuang, Cheng-Feng Wu. Chaos-based support vector regressions for exchange rate forecasting [J]. Expert Systems with Applications, 2010, 37 (12).

(Least squares support vector machine，LSSVM)[1]、分組數據處理（Group Method of Data Handling，GMDH)[2]、小波分析、遺傳算法、混沌時序預測方法等。以上非參數方法可以很好地捕捉匯率行為的非線性特徵，尋找匯率序列的複雜動態變化規律。

根據第三章的論述與檢驗結果，可以知道人民幣對美元匯率的序列也具有非正態性、長記憶性、波動聚集性等非線性特徵。為了準確把握匯率序列的以上非線性特點，接下來本章用非參數估計方法來分析和預測人民幣匯率的趨勢。非參數估計方法種類繁多，且各有優勢，其中的分組數據處理算法（GM-DH）將黑箱思想、生物神經元方法、歸納法、概率論等方法有機地結合起來，實現了自動控製與模式識別理論的統一。GMDH 算法類似於人工神經網路 ANN，但 GMDH 算法可以避免人工神經網路過擬合的缺點；同時 GMDH 算法是非參數估計方法中的特例，一般的非參數估計方法沒有顯式模型，但 GMDH 算法可以建立顯式模型，便於結構分析。因此本章選用分組數據處理（GMDH）算法及其改進的 GMDH 算法對人民幣兌美元匯率進行分析和預測，同時將估計結果與一般神經網路模型（BP 神經網路）和非參數模型（k-近鄰估計）進行比較分析。

4.2　匯改後的人民幣匯率序列及其預處理

本章利用 GMDH 算法對人民幣匯率趨勢進行實證分析。人民幣匯率取外匯市場上的人民幣（RMB）兌美元（USD）、人民幣兌日元（JPY）、人民幣兌歐元（EUR）三種主要匯率的當日收盤價。考慮到中國於 2005 年 7 月 21 日才開始實行浮動匯率，而在 2008—2010 年金融危機期間，為維護人民幣匯率的穩定，國家央行施行了外匯干預政策，使人民幣匯率維持在 6.8 附近。除此而外，人民幣保持持續增長狀態，為了準確把握匯率的變動趨勢，本章選擇 2005 年 7 月 25 日至 2008 年 6 月 16 日以及 2010 年 6 月 25 日至 2014 年 12 月 31 日兩段時期的匯率，從每週一至週五，剔除無效數據，分別為 747 個和 1,110 個數據。數據來自中國國家外匯管理局網站公布的數據，分別為 100 美元兌人

---

[1] Jussi Nikkinen, Seppo Pynnonen, Mikko Ranta, Sami Vahamaa, Cross-dynamics of exchange rate expectations: a wavelet analysis [J]. International Journal of Finance & Economics, 2011, 16 (3).

[2] Bahram Adrangi, Mary Allender, Arjun Chatrath and Kambiz Raffiee. Nonlinearities and Chaos: Evidence from Exchange Rates [J]. Atlantic Economic Journal, 2010, 38 (2).

民幣、100 日元兌人民幣和 100 歐元兌人民幣。

　　首先根據樣本數據作三種匯率的水平序列圖，如圖 4-1 至圖 4-6 所示。

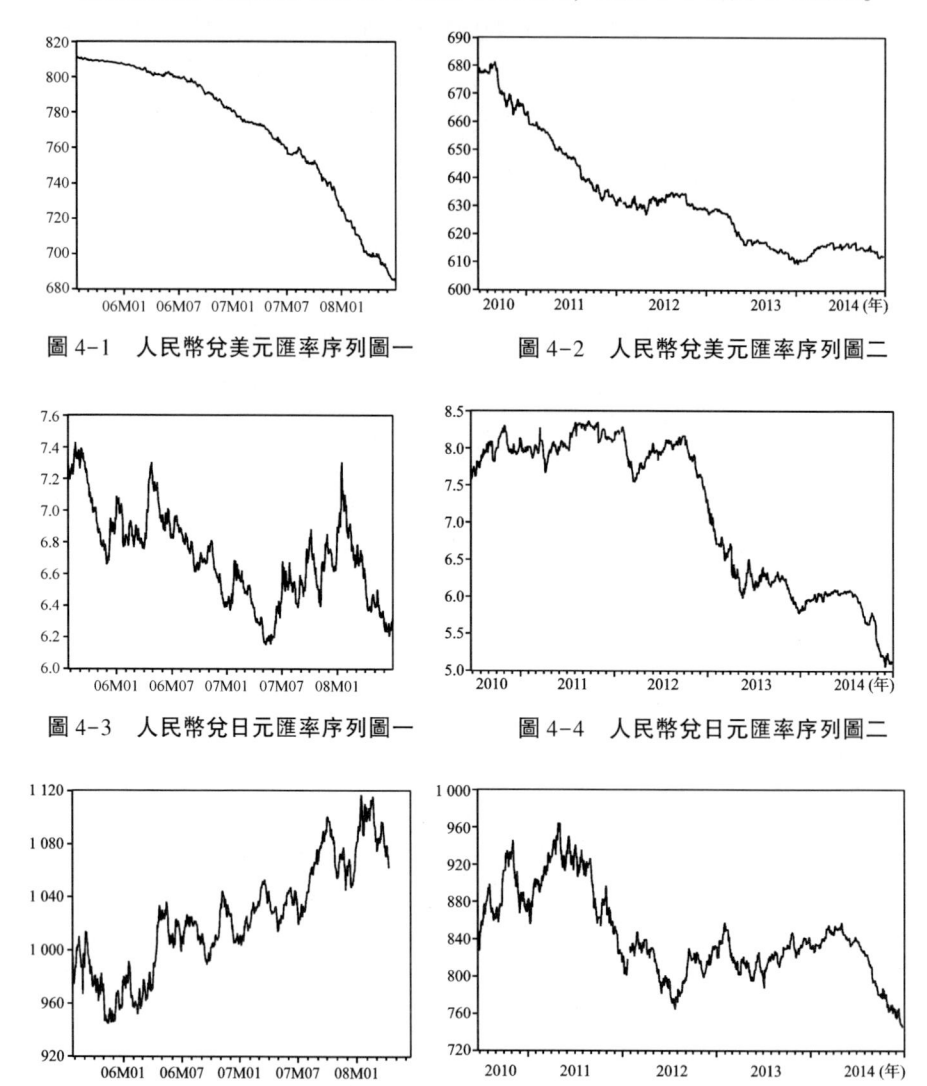

圖 4-1　人民幣兌美元匯率序列圖一

圖 4-2　人民幣兌美元匯率序列圖二

圖 4-3　人民幣兌日元匯率序列圖一

圖 4-4　人民幣兌日元匯率序列圖二

圖 4-5　人民幣兌歐元匯率序列圖一

圖 4-6　人民幣兌歐元匯率序列圖二

　　人民幣兌美元匯率在匯改後的 2005 年 7 月至 2008 年 6 月迅速下降，人民幣升值很快，波動較小；2010 年 6 月至 2013 年年底持續下降，人民幣繼續升值，但波動較大，進入 2014 年後，人民幣開始出現貶值，出現雙向波動。人民幣兌日元匯率在 2005 年 7 月至 2008 年 6 月間總體呈下跌態勢，人民幣升值，2008 年出現一次大的反覆，人民幣從貶值到升值，波動很大；2010 年 6

月至 2012 年 7 月，保持平穩態勢，此後迅速下跌，人民幣升值，2013 年出現短暫的平穩，此後繼續升值，2014 年初呈平穩趨勢，下半年迅速下跌，人民幣兌日元升值。人民幣兌歐元匯率在 2005—2008 年間呈上升趨勢，但波動較大；2010—2014 年，匯率總體上呈下降趨勢，但是波動仍然較大。人民幣兌美元為基準匯率，其餘的人民幣兌日元、人民幣兌歐元匯率是根據日元、歐元與美元的匯率兌換而來，因此除了受到人民幣兌美元的影響之外，還受到日元歐元與美元的匯率影響。由此可見，變動也更為複雜。

將人民幣兌美元匯率序列記為 RU，人民幣兌日元匯率序列記為 RJ，人民幣兌歐元匯率序列記為 RE。首先對三種匯率序列進行描述性統計，分析結果如表 4-1 和表 4-2 所示。

表 4-1　　　　2005—2008 年匯率序列描述性統計

	均值	方差	最大值	最小值	偏度	峰度	JB 統計量	P 值
RU	770.224,8	37.198,4	811.28	684.29	-0.807,5	2.462,1	92.480,2	0.000,0
RJ	6.711,5	0.288,4	7.429,7	6.151,0	0.255,6	2.550,9	14.775,6	0.000,6
RE	1,023.655	41.236,8	1,117.14	944.06	0.156,1	2.334,7	15.932,8	0.000,3

表 4-2　　　　2010—2014 年匯率序列描述性統計

	均值	方差	最大值	最小值	偏度	峰度	JB 統計量	P 值
RU	638.224,5	18.495,9	681.26	609.69	0.718,2	2.585,3	79.250,1	0.000,0
RJ	7.532,1	0.783,7	8.373,0	5.777,1	-0.953,9	2.253,1	148.841,9	0.000,0
RE	850.850,4	46.744,2	964.45	764.73	0.540,2	2.177,5	65.370,8	0.000,0

根據匯率序列的描述性統計結果顯示，人民幣兌美元匯率和人民幣兌日元匯率的 $J-B$ 統計量都顯著大於 χ^2 分布 95% 置信水平的臨界值，伴隨概率值均為 0，再結合偏度和峰度，描述性統計結果顯示這兩個序列都呈「尖峰厚尾」性態，說明匯率的歷史信息對未來的匯率走勢預測起到重要作用。

鑒於 2005—2008 年，匯率波動較小，因此選用 GMDH 算法來估計匯率趨勢；2010—2014 年，匯率波動較大，且呈雙向波動趨勢。因此，選用預測效果更好的 k 近鄰-GMDH 算法來估計匯率趨勢。

4.3 人民幣匯率趨勢模型的構建

4.3.1 GMDH 算法研究現狀

數據分組處理（Group Method of Data Handling, GMDH）算法，最早由 Ivakhnenko（1967）[1] 提出，是神經網路的一個分支。利用生物控製論中的自組織原理，多層神經網路，以 Kolmogonov-Gabor 多項式（簡稱 K-G 多項式）為傳遞函數，由計算機利用數據相對客觀地選擇變量之間的關係，用外準則確定最優模型，實現對研究對象內部結構的模擬。之後 20 世紀 70 年代 Barron[2] 提出多項式網路訓練算法（NETTR），Elder[3] 提出多項式網路綜合算法（ASPN），90 年代由德國 Muller[4] 教授在上述成果基礎上發展并完成自組織數據挖掘算法（Self-organizing Data Mining），使它成為研究複雜非線性系統模擬預測的有效工具。

1991 年 Ivakhenko[5] 將 GMDH 理論的核心概念與方法應用於聚類分析，對於一組數據樣本應被分成的類的個數以及它們的變量構成，都可由適當的 GMDH 算法來實現，從而形成了一種新的聚類方法——客觀聚類分析法（Objective Cluster Analysis）。Ivakhnenko 和 Muller（1991, 2002）對紐約金融市場上的時間序列利用 GMDH 算法進行預測，實證結果顯示 GMDH 算法是有效的預測工具[6]。隨後有學者對 GMDH 算法進行改進和發展，Hwang（2006）[7] 基於模糊系統提出一種模糊 GMDH 算法，并應用於移動通信系統的預測。Buryan,

---

[1] Ivakhnenko A. G. The group method of data handling-A rival of the method of stochastic approximation. Soviet Automatic Control c/c of Avtomatika, 1968, 13（3）.

[2] Barron, R. L. Learning Networks Improve Computer-Aided Prediction and Control [J]. Computer Design, 1975 (8).

[3] Elder IV J F. User's Manual: ASPN: Algorithm for Synthesis of Polynomial Networks [M]. Stanardsville, Virginia, 1985.

[4] Muller J A. Self-Organization of Models-Present State [C]. Eurosim, 1995.

[5] Ivakhnenko A. G.. An inductive sorting method for the forecasting of multidimensional random processes and events with the help of analogues forecast complex [J]. Pattern Recognition and Image Analysis, 1991, 1 (1).

[6] Ivakhnenko A G, Müller J A. Recent developments of self-organising modeling in prediction and analysis of stock market [J]. Microelectronics Reliability, 1995 (37).

[7] Hwang H S. Fuzzy GMDH-type neural network model and its application to forecasting of mobile communication [J]. Computers & Industrial Engineering, 2006, 50 (4).

Godfrey（2011）[1] 提出了 GMDH 的一種增強的多層迭代算法，并對鑽井切削力模型的數據進行了實證分析。Jirina, Marcel（2013）[2] 利用遺傳算法改進了 GMDH 算法。以上對 GMDH 算法的改進通過實證檢驗，預測效果都有所提高。

　　國內學者於 20 世紀 90 年代開始研究 GMDH 算法。劉光中（1995）[3] 研究了自組織算法中相關準則的抗干擾性。田益祥（2000）[4] 研究了 GMDH 的調和算法及其預測模型的應用。賀昌政與呂建平（2001）[5] 等分析了自組織數據挖掘的原理和基本算法步驟，指出 GMDH 算法可以揭示經濟對象的構成因素，并能較準確地預測，是研究複雜經濟系統的一條有效途徑，并實證分析了中國的通貨緊縮及其影響因素。李曉峰、徐玖平、賀昌政（2003）[6] 利用 GMDH 算法建立了四川省經濟發展的自組織模型，并分析了對其有影響的經濟因素。吳爽、賀昌政（2007）[7] 從算法結構、擬合效果、預測能力等方面比較了 GMDH 算法與遺傳算法，實證結果顯示 GMDH 算法的預測效果優於遺傳算法。田益祥、譚地軍（2008）[8] 用非參數估計方法改進 GMDH 算法，將 GMDH 算法中的傳遞函數改為局部線性核估計，改進後的算法收斂速度更快，預測效果更好。李成剛、田益祥、何繼銳（2012）[9] 利用 EMD 把含有多個震盪模式的數據分解為多個單一震盪模式分量的線性疊加，對震盪模式分量應用非參數的 AC 算法，通過歷史上相似時期的已知延拓進行預測，利用 GMDH 客觀確定權重構建組合預測模型。結果表明，用 EMD 方法改進 AC 預測模型提高了預測的精度。

　　以上研究表明分組數據處理算法（GMDH）在自適應性、算法結構、擬合效果、預測能力、收斂速度等方面有著優於其他非參數估計方法的優勢。

---

[1] Buryan Petr, Godfrey C. Onwubolu. Design of enhanced MIA-GMDH learning networks [J]. International Journal of Systems Science, 2011, 42 (4).

[2] Jirina Marcel, Marcel Jirina. GMDH Method With Genetic Selection Algorithm And Cloning [J]. Neural Network World, 2013, 5 (13).

[3] 劉光中, 等. 自組織方法中準則的抗干擾性 [J]. 系統工程理論與實踐, 1995 (11).

[4] 田益祥, 等. GMDH 調和算法預測模型及應用 [J]. 數量經濟技術經濟研究, 2000 (10).

[5] 賀昌政, 呂建平. 自組織數據挖掘理論與經濟系統的複雜性研究 [J]. 系統工程理論與實踐, 2001 (12).

[6] 李曉峰, 徐玖平, 賀昌政. 四川省宏觀經濟發展的自組織模型 [J]. 四川大學學報（自然科學版）, 2003 (12).

[7] 吳爽, 賀昌政. 數據分組處理算法和遺傳算法的比較 [J]. 統計與決策, 2007 (5).

[8] 田益祥, 譚地軍. 基於局部線性核估計的 GMDH 建模及預測 [J]. 系統工程學報, 2008, 23 (1).

[9] 李成剛, 田益祥, 何繼銳. AC 算法的 EMD 分解 GMDH 組合的預測模型及應用 [J]. 系統管理學報, 2012, 21 (1).

GMDH算法主要由數據通過學習和訓練，找出輸入變量與輸出變量之間的內在聯繫，相對客觀地選擇變量，再利用外準則選取最優模型。該算法選擇的變量關係并不是完全依據對問題的以往經驗和規則，具有自適應性，可以弱化權重確定中的人為因素，可以避免人為設定參數造成的偏誤。并且 GMDH 算法能夠建立變量之間的顯式模型，便於結構分析。GMDH 算法對樣本內的擬合效果，以及對樣本外的預測效果均優於其他非參數估計方法。因此，本章選用分組數據處理（GMDH）算法及 k 近鄰-GMDH 算法對人民幣兌美元匯率進行分析和預測，同時將估計結果與 BP 神經網路模型和 k-近鄰估計模型進行比較分析。

4.3.2 算法結構

GMDH 算法首先將樣本集 W 分為學習集 A（training set）和檢測集 B（testing set）（W = A+B）。選擇的依據是根據樣本與樣本均值的偏差大小而定，偏差較大的樣本作為檢測集，偏差較小的作為學習集。

採用二元二次 Kolmogorov-Gabor 多項式作為傳遞函數，表示輸入變量和輸出變量之間的函數關係 $y = f(x_i, x_j)$：

$$y = a_0 + a_1 x_i + a_2 x_j + a_3 x_i x_j + a_4 x_i^2 + a_5 x_j^2 \qquad (4-1)$$

其中，y 為輸出向量；$xB_{1B}, xB_{2B}, \cdots, xB_{nB}$ 為輸入向量；a 是系數。系數的求解採用最小二乘法。選擇一個外準則（本書選用最小偏差準則）作為中間模型的判斷標準。根據檢測集的樣本點來評估和測試多項式的輸出結果，計算外準則值，選擇滿足外準則的向量繼續進入下一層，重新作為輸入向量，根據傳遞函數，重複前面的步驟，判斷輸出結果。如此反覆，直到最後模型達到終止條件，即最小偏差不再變化，達到最小，結構不能再改善，此時沿最後一層的輸出變量逐層回推就可以得到最優複雜度模型。

具體算法如下：

將 n 個影響因素 $xB_{1B}, xB_{2B}, \cdots, xB_{nB}$ 窮舉組合作為輸入變量，根據參考函數 $m(\cdot)$，在第一層產生 $\sum_{l=2}^{n-1} C_n^l$ 個輸出變量，

$$y_k = f(x_i, \cdots, x_j), \quad i, j = 1, 2, \cdots, n, \quad i \neq j \qquad (4-2)$$

經外準則判斷，選擇 $n_1 \leqslant \sum_{l=2}^{n-1} C_n^l$ 個變量再窮舉組合作為新的輸入變量，根據參考函數 $m(\cdot)$，在第二層產生 $\sum_{l=2}^{n_1-1} C_n^l$ 個輸入變量，

$$z_l = f(y_i, \cdots, y_j), \quad i, j = 1, 2, \cdots, n, \quad i \neq j \qquad (4-3)$$

經外準則判斷，選擇 $n_2 \leqslant \sum_{l=2}^{n_2-1} C_{n_1}^l$ 個變量進入第三層。

如此下去，直到最後外準則值達到最優，模型結構不能再改善，此時沿最後一層的輸出變量逐層回推就可以得到最優模型的參數及模型結構。

4.3.3 人民幣匯率趨勢的 GMDH 分析結果

本節選用 2005 年 7 月 25 日至 2008 年 6 月 16 日的人民幣兌美元、人民幣兌日元的兩組數據，將樣本分成學習集和測試集，其中學習集從 2005 年 7 月 25 日至 2008 年 4 月 10 日共 700 個樣本，測試集從 2008 年 4 月 11 日至 2008 年 6 月 16 日共 47 個樣本。測試集是與學習集相獨立的一組數據，在模型的估計中不使用，因此可以用來客觀地比較模型的預測性能。為了比較擬合效果，選擇神經網路 ANN 為參照模型。GMDH 算法用軟件 Knowledge Miner 實現，ANN 模型用 Matlab 軟件中的神經網路包實現。

將匯率序列的滯後 1 階至 5 階 x_{t-1}、x_{t-2}、x_{t-3}、x_{t-4}、x_{t-5} 作為輸入變量，序列 x_t 為輸出變量，利用軟件 Knowledge Miner 實現 GMDH 算法，由 GMDH 算法自動選擇輸入變量，再根據輸入變量確定的模型進行匯率樣本內的估計和樣本外的預測。

分別將樣本內的估計值、樣本外的預測值與實際觀測值比較，用均方誤差 MSE 作為評判標準，即：

$$MSE = \frac{\sum_{i=1}^{n}(y_i - \hat{y}_i)^2}{n} \tag{4-4}$$

對比模型神經網路 ANN 由 Matlab 軟件中的神經網路包實現，取相同的區間 2005 年 7 月 25 日至 2008 年 4 月 10 日為樣本內集合，2008 年 4 月 11 日至 2008 年 6 月 16 日為樣本外集合。預測結果如表 4-3 所示。

表 4-3　　　　兩種算法預測的人民幣匯率均方誤差

	人民幣兌美元 $MSE \times 1,000$		人民幣兌日元 $MSE \times 1,000$	
	學習集	檢測集	學習集	檢測集
ANN	0.274,8	0.375,7	0.357,3	0.464,3
GMDH	0.011,2	0.017,4	0.015,4	0.020,8

由上述結果可見，根據 MSE 的值，樣本內的估計效果均好於樣本外的預測效果，GMDH 算法的擬合效果比神經網路 ANN 的要好。匯率市場的多變性和複雜性使得對匯率趨勢的把握和預測工作變得非常困難，由於金融市場的快速發展和其具有的非參數的特性，非參數建模方法逐步替代參數方法成為一個更好的預測方法。因此，將分組數據處理 GMDH 算法用於匯率預測，預測的效果相比神經網路更有效且更一致，能使模型的預測性能顯著改善。因此，非參數估計方法可以作為匯率預測的一個有效工具。

4.4 人民幣匯率趨勢模型的改進

大量的非參數、非線性方法被應用到匯率預測的研究中，比如遺傳算法（Genetic algorithm，GA）、神經網路（Artificial Neural Network，ANN）、支持向量機（Support Vector Machine，SVM）、非參數支持向量迴歸（Support Vector Regression，SVR）、小波分析、混沌時序預測方法等。各個模型各有其優勢，但是由於時間序列的複雜性和多變性，樣本內擬合效果和樣本外預測精度都不太盡人意。近年來，一些研究對以上算法進行改進或將多個算法進行組合，提升了模型的擬合能力和預測效果。本章也將對 GMDH 算法進行改進，以期達到更好的擬合和預測效果。

GMDH 算法在迭代過程的每一層使用最小二乘法（OLS）來辨識參數和估計模型，傳遞函數設定為 K-G 多項式，由於最小二乘法的局限性，導致 GMDH 算法在使用時受到限制。為了最大限度地體現匯率序列的非線性特徵，本書用 k-近鄰估計方法替代 K-G 多項式作為傳遞函數，以此來改進 GMDH 算法。經嚴格的數學證明，k-近鄰估計方法的逐點絕對偏差小於 OLS 估計，k-近鄰核權估計的預測效果優於 OLS 估計，因此改進後的 k 近鄰-GMDH 算法的估計量的穩健性好，逐點絕對偏差更小，最終模型預測效果更佳。

4.4.1 k-近鄰估計

非參數迴歸方法假定經濟變量之間的關係未知，利用歷史數據對整個迴歸函數進行估計。k-近鄰估計是其中一種工程中比較常用的非參數迴歸方法，其工作基本原理是認為 k 個樣本點對待估點的影響隨距離而變化，距離越近的影響越大，距離越遠的影響越小。用與待估計點「距離」最近的 k 個樣本點處的觀測值進行加權平均，來估計當前點的取值。

建立非參數模型：

$$Y_i = m(X_i) + u_i, \quad i = 1, 2, \cdots, n \quad (4-5)$$

其中 $m(X_i)$ 為未知函數，u_i 為隨機誤差項。

令 $1 < k < n$，記 $JB_{x,kB} = \{i: XB_{iB}$ 是距離 x 最近的 k 個觀測值之一$\}$。

k-近鄰核權估計為最小化

$$\min \left[\sum_{i=1}^{n} (Y_i - m(x))^2 \sum_{i=1}^{n} K\left(\frac{X_i - x}{b_n}\right) \right] \quad (4-6)$$

於是

$$\hat{m}_n(x, k) = \frac{\sum_{i=1}^{n} K\left(\frac{X_i - x}{b_n}\right) Y_i}{\sum_{i=1}^{n} K\left(\frac{X_i - x}{b_n}\right)} \quad (4-7)$$

其中

$$b_n = \max\{|X_i - x| : i \in J_{x,k}\} \quad (4-8)$$

$K(\cdot)$ 為核函數，滿足

$$K(u) \geq 0, \quad \int K(u) du = 1, \quad \int u K(u) du = 0, \quad \sigma_K^2 = \int u^2 K(u) du < \infty。$$

常用的核函數有：高斯核 $K(u) = \frac{1}{\sqrt{2\pi}} \exp\left(-\frac{1}{2}u^2\right)$，均勻核 $K(u) = 0.5I(u)_{|u| \leq 1}$，Epanechnikov 核 $K(u) = \frac{3}{4}(1 - u^2)_+$，三角形核 $K(u) = (1 - |u|)_+$，四次方核 $K(u) = \frac{15}{16}((1 - |u|^2)_+)^2$，六次方核 $K(u) = \frac{70}{81}((1 - |u|^3)_+)^2$ 等。

4.4.2 基於 k-近鄰估計的 GMDH 算法

為了避免在建模過程中，出現人為設定模型的誤差，即不預先設定模型形式，改用非參數方法估計模型。本書用 k-近鄰核權估計方法估計 GMDH 的參考函數，表示輸入變量與輸出變量之間的關係。即在迭代的每一層使用 $\hat{m}(x)$ 式來估計模型。確定篩選準則：設定閾值為 R，當偏差 $(Y - \hat{m}(x))_k^2 < R$ 時，保存此變量，進入下一層輸入；否則淘汰此變量。如此反覆，直到得到最優模型。

具體步驟如下：

（1）將樣本集 W（有 w 個樣本）分成學習集 A（前 s 個樣本）和測試集 B

(後 w-s 個樣本)。輸出變量為 y, 輸入變量為 $X(x_1, x_2, \cdots, x_n)$。

(2) 在第一層，n 個輸入變量組成任意 $\sum_{l=2}^{n-1} C_n^l$ 個組合代入傳遞函數 $m(x)$：

$$m_n(x, k) = \frac{\sum_{i=1}^{n} K(\frac{X_i - x}{b_n}) Y_i}{\sum_{i=1}^{n} K(\frac{X_i - x}{b_n})}, \quad b_n = \max\{|X_i - x| : i \in J_{x,k}\} \quad (4-9)$$

(3) 篩選準則為：閾值設為 R_j，如果誤差 $r_j^2 < R_j$，則變量 x 保留并且傳遞進入下一層；否則將被淘汰。閾值 R_j：

$$R_j = \frac{\sum_{l=1}^{s} (y_l - \hat{y}_{jl})^2}{\sum_{l=1}^{s} y_l^2} \quad (4-10)$$

其中，y_l 是學習集的第 l 個樣本，$\hat{y}_{jl}$ 是第 l 個樣本 y_l 在第 j 層的估計值。

誤差 r_j^2：

$$r_j^2 = \frac{\sum_{l=s+1}^{w} (y_l - \hat{y}_{jl})^2}{\sum_{l=s+1}^{w} y_l^2} \quad (4-11)$$

其中，y_l 是檢測集的第 l 個樣本，$\hat{y}_{jl}$ 是第 l 個樣本 y_l 在第 j 層的估計值。

(4) 終止準則為：將第 j 層的最小誤差值 r_j^2 與上一層的最小誤差值 r_{j-1}^2 作比較：如果 $r_j^2 < r_{j-1}^2$，則運算繼續，將第 j 層的變量任意組合成 $\sum_{l=2}^{n_1-1} C_n^l$ 個新的輸入變量通過傳遞函數 $m(x)$ 進入下一層，繼續得到輸出變量；如果 $r_j^2 > r_{j-1}^2$，則運算終止，說明模型系統已經達到最優狀態，不再繼續優化。此時沿著最後一層逆推就可得到最優模型。

將 k-近鄰估計用於改進 GMDH 算法，替代 K-G 多項式作為傳遞函數。下面證明，在大樣本條件下，基於 k-近鄰估計的 GMDH 算法比傳統的方法具有更好的擬合效果和預測能力。

條件 1：核函數為連續、對稱、非均勻概率密度函數，滿足

$$K(u) \geq 0, \int K(u) du = 1, \int u K(u) du = 0, \sigma_K^2 = \int u^2 K(u) du < \infty,$$

且有有界支撐 $[-1, 1]$。

條件 2：設 x 為已知點，函數 $m(\cdot)$ 在 x 處連續，二階導數 $m''(\cdot)$ 存在。

條件 3：大樣本，且 $n \to \infty$ 時，$k \to \infty$，$\frac{k}{n} \to 0$。

條件 4：若 $u = (u_1, u_2, \cdots, u_d)$，有 $\int u_i K(u_i) du_i = 0$，$i = 1, 2, \cdots, d$ 成立。

引理 1[①]在大樣本條件下，$n \to \infty$ 時，$k \to \infty$，$\dfrac{k}{n} \to 0$，k-近鄰核權估計的逐點漸近偏差為：

$$Bias(\hat{m}_{kNN}(x)) = \frac{\mu(k)}{8f^3(x)} [(m''f + 2m'f')(x)] \left(\frac{k}{n}\right)^2 \quad (4\text{-}12)$$

其中，$f(x)$ 為 X 的邊緣密度函數，$\mu(k) = \int u^2 K(u) du$。

證明　令 $h_n(x) = \dfrac{1}{nR_n} \sum_{i=1}^{n} K\left(\dfrac{X_i - x}{R_n}\right) Y_i$，$g_n(x) = \dfrac{1}{nR_n} \sum_{i=1}^{n} K\left(\dfrac{X_i - x}{R_n}\right)$，則 $m_n(x, k) = \dfrac{h_n(x)}{g_n(x)}$。

令 $t = G(r) = P(\|x - X\| \leq r) = \int_{\|t-X\| \leq r} f(t) dt$

$\qquad = f(x) \cdot \text{volume}\{z: \|z - x\| \leq r\} + \int_{\|t-X\| \leq r} [f(t) - f(x)] dt$

$\qquad = f(x) \cdot cr^p + o(r^p) \quad (as \quad r \to 0)$

其中 $c = \pi^{p/2}/\Gamma((p+2)/2)$，$r = G^{-1}(t) = [cf(x)]^{-1/p} \cdot t^{1/p} + o(r^p)$，則 $T = G(R_n)$ 指 n 個變量中服從 (0, 1) 均勻分布的第 k 個順序統計量，

$$E(T) = \frac{k}{n+1}, \quad g_n(x) = \frac{1}{nR_n} \sum_{i=1}^{n} K\left(\frac{x - X_i}{R_n}\right) = \frac{k-1}{cnR_n} \cdot \frac{c}{k-1} \sum_{i=1}^{n} K\left(\frac{x - X_i}{R_n}\right),$$

在大樣本條件下，$n \to \infty$ 時，$k \to \infty$，

$$E(g_n(x) \mid R_n) = \frac{k-1}{cnR_n} \cdot \frac{c}{G(R_n)} \int K\left(\frac{x-t}{R_n}\right) f(t) dt$$

$$= \frac{k-1}{cnR_n} \cdot \frac{cR_n}{G(R_n)} \int K(v) f(x - R_n v) dv$$

$$= \frac{k-1}{nG(R_n)} \int K(v) f(x - R_n v) dv$$

$$= \frac{k-1}{nT} f(x) + \frac{k-1}{nT} \int K(v) [f(x - R_n v) - f(x)] dv$$

令

[①] Y. P. Macks. Local properties of k-NN regression estimates [J]. Society for Industrial and Applied Mathematics, 1981 (2).

$$\int K(v)[f(x-R_nv)-f(x)]dv = \frac{1}{2}Q(f)(x) \cdot R_n^2 + o(R_n^2),$$

其中 $Q(f)(x) = \sum_{\alpha,\beta}\int u_\alpha u_\beta f_{\alpha\beta}(x)K(u)du$,

$$E(g_n(x)) = E(\frac{k-1}{nT}) \cdot f(x) + \frac{1}{2}Q(f)(x) \cdot E(\frac{k-1}{nT} \cdot R_n^2) + o(E(\frac{k-1}{nT} \cdot R_n^2))$$

$$= f(x) + \frac{Q(f)(x)}{2(cf(x))^{2/p}}(\frac{k}{n})^{2/p} + o((\frac{k}{n})^{2/p})。$$

同理可得：

$$E(h_n(x) \mid R_n) = \frac{k-1}{nG(R_n)}\int K(v)\int yf(x-R_nv,y)dydv$$

$$= \frac{k-1}{nG(R_n)}\int K(v)(mf)(x-R_nv)dv$$

$$= \frac{k-1}{nT}m(x)f(x) + \frac{k-1}{nT}\int K(v)[(mf)(x-R_nv)$$

$$- m(x)f(x)]dv。$$

$$E(h_n(x)) = m(x)f(x) + \frac{Q(mf)(x)}{2(cf(x))^{2/p}}(\frac{k}{n})^{2/p} + o((\frac{k}{n})^{2/p}),$$

$$E(m_n(x)) = E(\frac{h_n(x)}{g_n(x)})$$

$$= m(x) + \frac{[Q(mf)(x)-m(x)Q(f)(x)]}{2f(x) \cdot (cf(x))^{2/p}}(\frac{k}{n})^{2/p} + o((\frac{k}{n})^{2/p}) + O$$

$$(\frac{1}{k}),$$

當 $p=1$ 時，$c=2$，k-近鄰核權估計的逐點漸近偏差為：

$$Bias(m_n(x)) = \frac{[(mf)''(x) - m(x)f''(x)]}{8f^3(x)} \cdot \int u^2K(u)du \cdot (\frac{k}{n})^2$$

$$+ o((\frac{k}{n})^{2/p}) + O(\frac{1}{k})$$

$$= \frac{[(m''f + 2m'f')(x)]}{8f^3(x)} \cdot \int u^2K(u)du \cdot (\frac{k}{n})^2 + o((\frac{k}{n})^{2/p})$$

$$+ O(\frac{1}{k})。$$

證畢。

引理 2　在大樣本條件下，k-近鄰核權估計的逐點漸近偏差

$Bias(\hat{m}_{kNN}(x))$ 隨著窗寬 $h_n = R_n \approx \dfrac{k}{nf(x)}$ 的增加而增加。

證明 由引理1,
$$Bias(\hat{m}_{kNN}(x)) = \dfrac{[(m''f + 2m'f')(x)]}{8f^3(x)} \cdot \int u^2 K(u)\,du \cdot \left(\dfrac{k}{n}\right)^2 + o\left(\left(\dfrac{k}{n}\right)^{2/p}\right)$$
$$+ O\left(\dfrac{1}{k}\right)$$

其中 $\int u^2 K(u)\,du > 0$,所以結論成立。

引理3 當 h_n 遠大於 $\max\limits_{1 \leqslant i \leqslant N} |X_i - x|$ 時,N 為樣本個數,k-近鄰核權估計等價於 OLS 估計。

證明 由引理1,考慮到在距離點 x 最近的 k 個點中,距離 x 較近的點在估計 $m(x)$ 時應賦予較高的權重,距離 x 較遠的點在估計 $m(x)$ 時應賦予較低的權重。該權重為核函數,於是 k-近鄰核權估計為最小化以下問題:

$$\min \sum_{i=1}^{n} [Y_i - \hat{m}_n(x, k)]^2 W_{ni}(x), \tag{4-13}$$

其中,$W_{ni}(x) = \dfrac{K\left(\dfrac{X_i - x}{R_n}\right)}{\sum\limits_{i=1}^{n} K\left(\dfrac{X_i - x}{R_n}\right)}$,

即 k-近鄰核權估計等價於局部加權最小二乘估計。

當 h_n 遠大於 $\max\limits_{1 \leqslant i \leqslant N} |X_i - x|$ 時,

$$W_{ni}(x) = \dfrac{K\left(\dfrac{X_i - x}{R_n}\right)}{\sum\limits_{i=1}^{n} K\left(\dfrac{X_i - x}{R_n}\right)} \to K(0),$$

$\hat{m}_n(x, k) = (X^T W X)^{-1} X^T W Y = K^{-1}(0)(X^T X)^{-1} K(0) X^T Y = (X^T X)^{-1} X^T Y$,

得,k-近鄰核權估計等價於 OLS 估計。

證畢。

定理1 大樣本條件下,當核權函數窗寬 $h_n < C$(C 為某一常數)時,k-近鄰核權估計的逐點絕對偏差小於 OLS 估計。

證明 令 $C = \max\limits_{1 \leqslant i \leqslant N} |X_i - x|$,由引理3可得,$|Bias(\hat{m}_{kNN}(x))| < |Bias(\hat{m}_{OLS}(x))|$,

即 k-近鄰核權估計的逐點絕對偏差小於 OLS 估計。

證畢。

定理 2 大樣本條件下，當核權函數窗寬 $h_n < C$（C 為某一常數）時，k-近鄰核權估計的預測效果優於 OLS 估計。

證明 設 x_0 為待估計點，令 $C = \max\limits_{1 \leq i \leq N} |X_i - x|$，當核權函數窗寬 $h_n < C$ 時，有

$$| \hat{m}_{kNN}(x_0) - m(x_0) | < | \hat{m}_{OLS}(x_0) - m(x_0) | \qquad (4\text{-}14)$$

k-近鄰核權估計的預測效果優於 OLS 估計。

證畢。

以上推論表明，本書基於 k-近鄰估計的 GMDH 模型，比傳統的方法具有更好的擬合效果和預測功能。

4.4.3 人民幣匯率的 k-GMDH 分析結果

模型的外準則設定為估計的殘差最小，即

$$\min\left[\sum_{i=1}^{n} (y_i - \hat{y}_i)^2 \right] \qquad (4\text{-}15)$$

實證樣本選擇 2010 年 6 月 25 日至 2014 年 12 月 31 日人民幣兌美元匯率、人民幣兌歐元匯率日數據，學習集取 2010 年 6 月 25 日至 2014 年 12 月 31 日，檢測集取 2015 年 1 月 5 日至 2015 年 1 月 30 日。

為了比較擬合效果和預測性能，選擇了 BP 神經網路模型、k-近鄰估計模型一同做預測分析，分別使用軟件 KnowledgeMiner 和 Matlab 編程。

預測效果的評價標準是標準化的均方誤差 NMSE 和均方根誤差 RMSE：

$$NMSE = \sqrt{\frac{\sum_{i=1}^{n} (y_i - \hat{y}_i)^2}{\sum_{i=1}^{n} (y_i - \bar{y}_i)^2}} \qquad (4\text{-}16)$$

$$RMSE = \sqrt{\frac{\sum_{i=1}^{n} (y_i - \hat{y}_i)^2}{n}} \qquad (4\text{-}17)$$

其中，y_i 和 $\hat{y}_i$ 分別為樣本的觀測值和估計值，$\bar{y}_i$ 為樣本均值。NMSE 和 RMSE 是度量預測誤差大小的統計量，取值越小說明模型的預測精度越高。

預測效果如表 4-4 所示，可以看出，基於 k-近鄰估計改進的 GMDH 算法對匯率的估計效果最好。

表 4-4　　　改進的 GMDH 算法對人民幣匯率的預測結果

	人民幣兌美元		人民幣兌歐元	
	NMSE	RMSE	NMSE	RMSE
BP	0.508,0	0.002,025	0.682,7	0.002,259
k-近鄰估計	1.036,2	0.002,182	1.554,8	0.003,102
k-GMDH	0.517,3	0.001,911	0.635,9	0.002,025

接下來為了討論模型的穩健性，引入異常點 $y_{10} = 5y_{10}$，$y_{20} = 6y_{20}$，$y_{30} = 5 + y_{30}$，$y_{40} = 10y_{40}$，$y_{50} = 10 + y_{50}$。再次預測後，比較 BP 神經網路模型、k-近鄰估計模型和 k-GMDH 算法的預測效果。結果如表 4-5 所示。

表 4-5　　　改進的 GMDH 算法的穩健性比較結果

	人民幣兌美元		人民幣兌歐元	
	NMSE	RMSE	NMSE	RMSE
BP	0.623,4	0.002,754	0.701,6	0.002,548
k-近鄰估計	1.386,5	0.002,853	1.875,0	0.003,857
k-GMDH	0.525,6	0.002,006	0.690,5	0.002,276

結果顯示，加入異常點後，三個模型的偏誤都有所增加，但 k-GMDH 算法的偏誤仍然最小，說明非參數模型 k-GMDH 算法的穩健性較好。

k-近鄰估計改進的 GMDH 算法對匯率樣本外的預測結果如圖 4-7 和圖 4-8 所示。

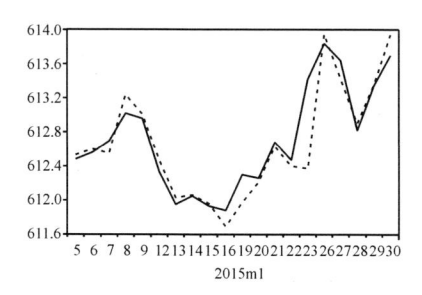

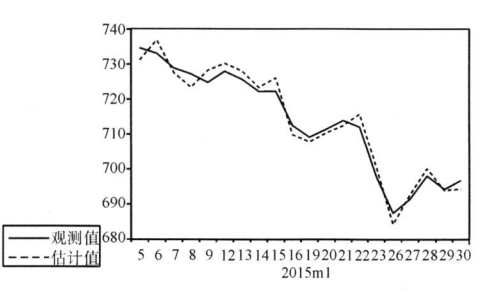

圖 4-7　人民幣兌美元樣本外預測結果　　圖 4-8　人民幣兌歐元樣本外預測結果

4.5 本章小結

　　人民幣匯率序列具有複雜的非線性特徵，既受確定性規律的支配，同時又表現出某種隨機性。大量關於匯率的研究偏重於均衡匯率的確定，計量分析方法應用較少。基於匯率序列的非線性特徵，本章利用非參數估計方法構建了人民幣匯率的趨勢模型并進行了預測。本章採用的非參數估計方法為 GMDH 算法和基於 k-近鄰估計的 GMDH 算法。GMDH 算法為神經網路的一個分支，利用生物控製論中的自組織原理，借助多層神經網路，以 K-G 多項式為基礎，用外準則選取最優模型，實現對研究對象內部結構的模擬和樣本外的預測。GMDH 算法是分析複雜非線性系統的有效工具。改進的 GMDH 算法是用 k-近鄰估計替換 GMDH 算法中的 K-G 多項式以及估計參數的最小二乘法，避免最小二乘法的假定條件，盡可能地減少人為設定偏誤，最大限度地體現匯率序列的非線性特徵。經過嚴格的數學推理證明，改進後的 GMDH 算法的穩健性好，逐點絕對偏差更小，收斂速度更快，更能有效地預測人民幣匯率。為了反應匯率序列自身的變動規律，樣本數據避開 2008—2010 年的金融危機時期，取金融危機之前的 2005—2008 年為樣本一，金融危機之後的 2010—2014 年為樣本二。分別取人民幣兌美元匯率、人民幣兌日元匯率、人民幣兌歐元匯率進行實證分析。經實證檢驗，k 近鄰-GMDH 算法能有效估計人民幣匯率的趨勢。

5 外匯干預條件下的人民幣匯率波動模型

5.1 引言

　　隨著近年來經濟的發展，國際的貿易交流越來越頻繁，匯率波動在國際貿易中起著非常重要的作用，各國政府已經意識到本國的貨幣政策會受到匯率波動的影響，尤其是依靠出口經濟維持國內經濟發展的國家。因此，央行進行宏觀經濟分析和市場監督需要定期監測匯率波動。另外，越來越多的國際投資機構、投資者和企業管理者也已經意識到，需要在匯率波動的情況下，提高警惕以規避風險。因此，匯率的波動性對於一國的貨幣政策和經濟政策的制定、經濟增長、外匯儲備的價值、國際的貿易交流、國際投資等都非常重要，因此，外匯干預對匯率波動的影響研究成為十分重要的問題。

　　中國實行有管理的浮動匯率製度，匯率水平會隨著市場浮動，但貨幣當局為了維護本國的經濟利益，使匯率水平與貨幣當局既定的目標保持一致，會採取各種方式不定時地干預外匯市場，根據國際收支的平衡狀態來調節匯率的浮動幅度，影響匯率價格，調整匯率波動。人民幣的管理浮動匯率製度可以有效地應對國際國內金融市場的異動，防止匯率出現大幅度的波動，防範國際金融市場的投機行為，使匯率向國際收支平衡調整，向均衡匯率調整。

　　本章引入外匯干預變量改進 GARCH 模型，構建人民幣匯率波動模型，分析人民幣匯率的波動和外匯干預對匯率波動的影響程度和方向。

5.2 人民幣匯率波動模型的構建

對匯率波動的建模和分析依賴於 GARCH 波動模型。Engle[1]於 1982 年提出自迴歸條件異方差（Autoregressive Conditional Heteroskedasticity，ARCH）模型，1986 年 Bollerslev[2]將 ARCH 模型拓展為廣義自迴歸條件異方差（Generalized Autoregressive Conditional Heteroskedasticity，GARCH）模型，隨後有大量的學者利用 ARCH 模型和 GARCH 模型研究金融時間序列的波動特性，并且開發和改進了新的 ARCH 模型和 GARCH 模型，提高了對波動的預測性能，取得了很好的效果。

Anderson 和 Bollerslev（1988）[3]從理論上證明 GARCH 模型對股票收益率的預測效果。Brooks（1998）[4]使用 GARCH、EGARCH、GRJ 和 HS（歷史波動率）模型對匯率日數據來進行預測，用修改信息的標準來選擇最優的模型。Poon 和 Granger（2003）[5]研究發現歷史波動率對未來波動的預測較準確，其中有 17 個樣本顯示 GARCH 模型更加準確。Ederington 和 Guan（2005）[6]用 GARCH、EGARCH、HS 和 AGARCH 模型估計道瓊斯指數和標準普爾指數的日常波動，發現絕對收益的預測表現超過平方收益，但模型之間的預測性能無顯著的差異。Silvey（2007）[7]調查了 GARCH 模型中的一些簡單規則對波動預測性能的影響。在匯率波動研究中，蘇岩、楊振海（2007）[8]利用 GARCH 族模

---

[1] Engle R F. Autoregressive conditional heteroscedasticity with estimates of the variance of United Kingdom inflation [J]. Econometrica: Journal of the Econometric Society, 1982, 50 (4).

[2] Bollerslev T. Generalized autoregressive conditional heteroskedasticity [J]. Journal of econometrics, 1986, 31 (3).

[3] Andersen T G, Bollerslev T. Answering the skeptics: Yes, standard volatility models do provide accurate forecasts [J]. International economic review, 1998 (39).

[4] Brooks C, Burke S P. Forecasting exchange rate volatility using conditional variance models selected by information criteria [J]. Economics Letters, 1998, 61 (3).

[5] Poon S H, Granger C W J. Forecasting volatility in financial markets: A review [J]. Journal of economic literature, 2003, 41 (2).

[6] Ederington L, Guan W. The information frown in option prices [J]. Journal of Banking & Finance, 2005, 29 (6).

[7] Silvey T A. 5 An investigation of the relative performance of GARCH models versus simple rules in forecasting volatility [J]. Forecasting volatility in the financial markets, 2007 (4).

[8] 蘇岩，楊振海. GARCH(1,1) 模型及其在匯率條件波動預測中的應用 [J]. 數理統計與管理，2007，26 (4).

型檢驗人民幣對日元匯率波動的時間序列特徵，證實存在簡單單位根過程及條件異方差性，且GARCH(1,1)模型擬合效果最好。孫映宏、曹顯兵（2012）[①]利用GARCH模型對中美匯率日數據進行處理與檢驗，結果表明殘差存在異方差性，且模型的預測精度高。Khalafalla（2012）[②]用EGARCH(1,1)模型研究匯率的波動性，結果表明匯率波動存在槓桿效應，且高槓桿率帶來匯率波動的增加。

本節利用GARCH模型來研究人民幣對美元的匯率波動性，實證分析外匯市場上的人民幣（RMB）兌美元（USD）匯率，模型包括GARCH(1,1)，GARCH(2,1)，GARCH(1,2)以及GARCH(2,2)以及更高階的GARCH(p,q)模型，選擇最優模型來反應人民幣兌美元匯率的波動性。

5.2.1 人民幣匯率波動序列及數據預處理

本章實證分析外匯市場上的人民幣（RMB）兌美元（USD）匯率收益率序列，取當日收盤價，數據來自CCER中國經濟金融數據庫。考慮到中國於2005年7月21日才開始實行浮動匯率，因此選擇2005年7月25日至2014年12月31日的匯率數據。根據第三章的分析可得，2005—2013年的人民幣兌美元匯率大致呈三個階段：2005—2008年由於剛剛開始匯率改革，人民幣兌美元匯率快速下降，人民幣快速升值，同時波動的幅度也慢慢變大；2008—2010年由於國際金融危機的影響，中國央行為了保護人民幣不受衝擊，採取了較為嚴格的外匯干預措施，使人民幣匯率保持在6.8附近，這段時期匯率波動幾乎為零；2010年央行繼續進一步推進人民幣匯率改革，人民幣兌美元匯率再次下降，人民幣繼續升值，同時這一時期的匯率波動也較大，持續到2013年後，波動較為平緩。進入2014年後，人民幣兌美元匯率首次出現下降，雖然幅度不是很大，但匯率波動明顯，出現雙向波動趨勢。有鑒於此，在對匯率波動進行建模時，將樣本分為3個子樣本，分別為樣本一：2005年7月25日至2008年6月16日。樣本二：2008年6月17日至2010年6月24日。樣本三：2010年6月25日至2014年12月31日。總樣本與3個子樣本的描述性統計見表5-1。

---

① 孫映宏，曹顯兵. 基於GARCH模型的中美匯率實證分析［J］. 數學的實踐與認識，2012，42（20）.

② Khalafalla Ahmed Mohamed Arabi. Estimation of Exchange Rate Volatility via GARCH Model Case Study Sudan（1978-2009）［J］. International Journal of Economics and Finance，2012，4（11）.

表 5-1　　　　　　　　匯率波動序列描述性統計

	均值	標準差	最大值	最小值	峰度	偏度	J-B 統計量	p 值
總樣本	-5.79E-5	0.000,37	0.002,0	-0.002,3	7.237,3	-0.541,3	1,697.506	0.000,0
樣本一	-9.4E-5	0.000,37	0.001,5	-0.001,8	5.692,3	-0.533,3	261.010,2	0.000,0
樣本二	-1.04E-5	0.000,31	0.002,0	-0.001,9	13.834	-0.111,1	2,583.486	0.000,0
樣本三	-5.59E-5	0.000,40	0.001,5	-0.002,3	6.275,9	-0.607,5	438.974	0.000,0

總樣本與 3 個子樣本的匯率序列波動圖如圖 5-1、圖 5-2、圖 5-3 和圖 5-4 所示。

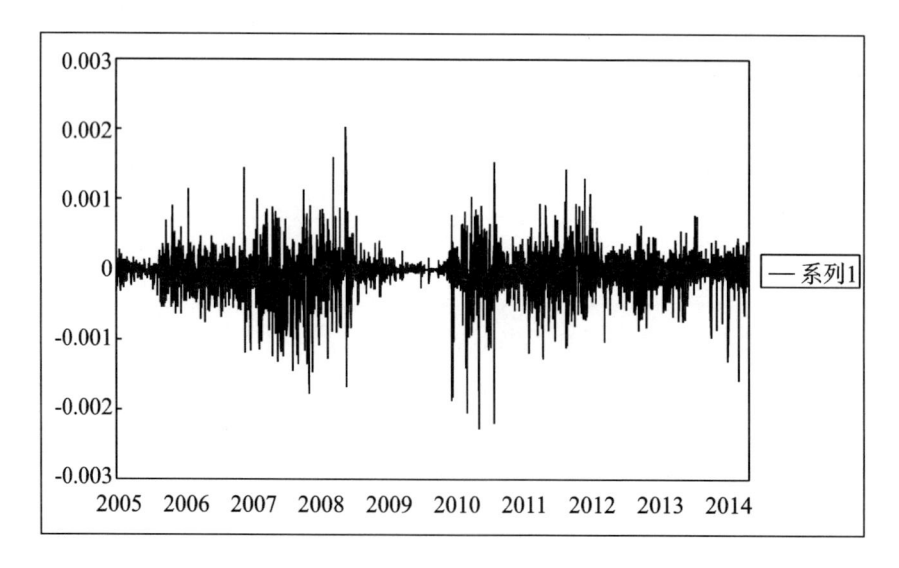

圖 5-1　2005—2014 年人民幣兌美元匯率波動

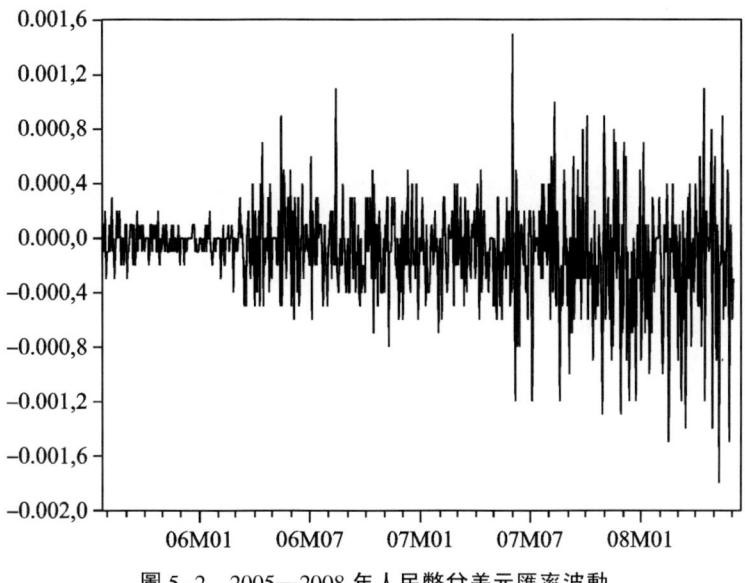

圖 5-2　2005—2008 年人民幣兌美元匯率波動

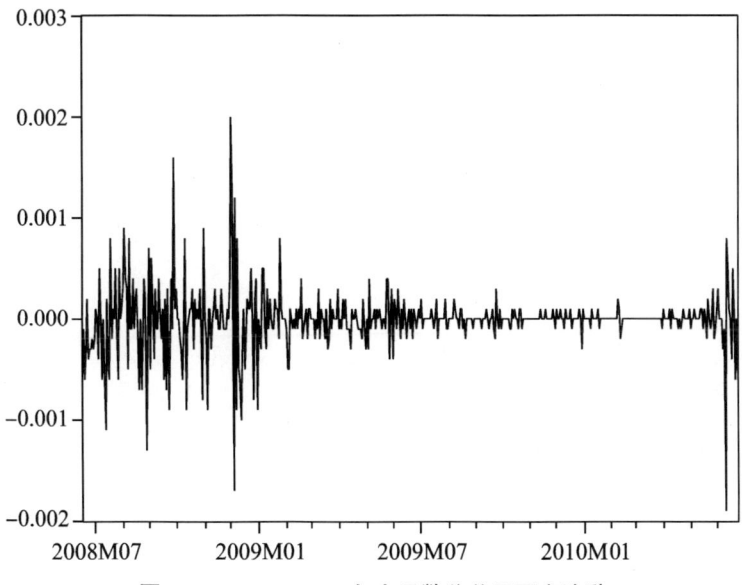

圖 5-3　2008—2010 年人民幣兌美元匯率波動

圖 5-4　2010—2014 年人民幣兌美元匯率波動

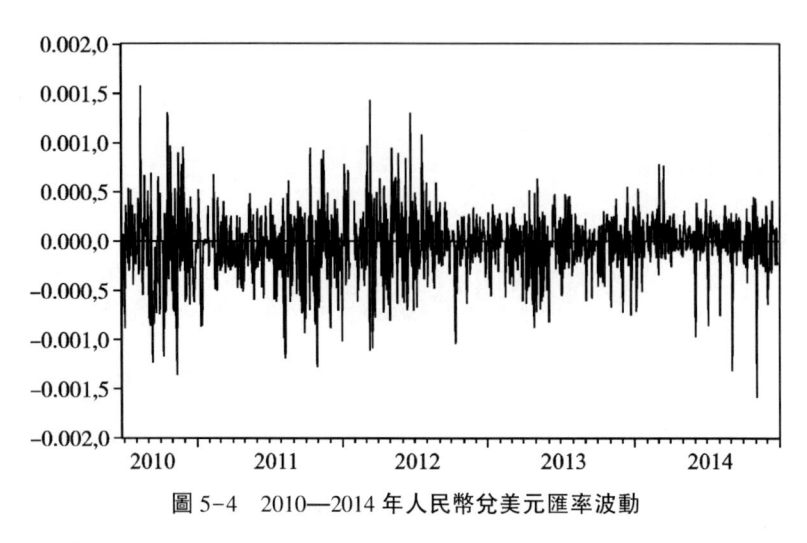

由匯率序列的波動圖可以看出三個時間段的匯率波動幅度有明顯的區別，2005—2008 年剛開始實行管理浮動匯率製度，匯率波動較小，但隨著時間推移，匯率波動幅度加大，頻率也加大。2008—2010 年由於金融危機的影響，中國央行加大了匯率的管理，通過外匯干預使開始的大幅波動逐漸減少。2010—2014 年，中國央行繼續推動匯率的深化改革，匯率波動開始大幅頻繁變動，到中後期逐漸趨於平穩。但進入 2014 年，波動幅度開始增加。

5.2.2　人民幣匯率波動模型

Cont（2001）[①] 研究了股票市場和匯率市場的時間序列，總結了這類金融時間序列共有的統計特性：資產回報率的自相關性非常弱，可以忽略不計；厚尾性，大部分樣本序列的有限尾部指數在 2~5 之間；非對稱性，匯率價格的大幅下跌後並沒有相應的大幅上升；波動的聚集性，大幅波動集中在一段時間，小幅波動集中在另一段時間；非平穩性，絕對收益率或平方收益率的自相關衰減很慢；資產與資產的收益率序列呈負相關；交易量與波動相關等。事實上，匯率收益率序列往往具有波動的聚集性，意味著大幅波動之後又是一個大幅波動時期，小幅波動之後是另一個小幅波動時期，因此可以用過去的波動預測下一週期的波動。根據波動的聚集性特徵，匯率波動序列的方差具有自相關性，因此，可以用廣義自迴歸異方差 GARCH 模型來建立匯率波動模型。

自迴歸條件異方差 ARCH 模型描述了基本線性迴歸模型誤差項的條件方差

---

① R. Cont. Empirical Properties Of Asset Returns: Stylized Facts And Statistical Issues [J]. Quantitative Finance, 2001, 1 (2).

與外生變量、滯後的內生變量、時間、參數和前期殘差的函數關係。ARCH(q) 模型定義為:

$$y_t = x_t^T \beta + \varepsilon_t, \quad t = 1, 2, \cdots, T \qquad (5-1)$$

$$\varepsilon_t^2 = \alpha_0 + \alpha_1 \varepsilon_{t-1}^2 + \alpha_2 \varepsilon_{t-2}^2 + \cdots + \alpha_q \varepsilon_{t-q}^2 + \eta_t \qquad (5-2)$$

其中 $\{\eta_t\}$ 獨立同分布，且 $E(\eta_t) = 0$，$D(\eta_t) = \lambda^2$，$\alpha_0 > 0$，$\alpha_i \geq 0 (i = 1, 2, \cdots, q)$。

ARCH 模型能反應金融市場波動集聚性的特點，能描述資產收益率變量的寬尾特徵，但是也存在一定的缺陷。ARCH (q) 模型為了能更好地擬合需要很大的階數 q，這樣會增大計算量還會造成多重共線性等問題，廣義自迴歸條件異方差（GARCH）模型則彌補了這個缺陷。GARCH 模型的結構與 ARCH 模型類似，增加了方差的滯後項。GARCH (p, q) 模型定義為：

$$y_t = \log(P_t) - \log(P_{t-1}) \qquad (5-3)$$

$$y_t = x_t^T \beta + \varepsilon_t, \quad t = 1, 2, \cdots, T \qquad (5-4)$$

$$\varepsilon_t = \sigma_t \nu_t \qquad (5-5)$$

$$\sigma_t^2 = \alpha_0 + \sum_{i=1}^{q} \alpha_i \varepsilon_{t-i}^2 + \sum_{i=1}^{p} \beta_i \sigma_{t-i}^2 \qquad (5-6)$$

其中，P_t 為匯率價格；y_t 為匯率收益率；x_t 為解釋變量；ε_t 為隨機變量；σ_t^2 為條件方差。$\nu_t \sim i.i.d. N(0, 1)$，$p \geq 0$，$q \geq 0$，$\alpha_0 > 0$，$\alpha_i \geq 0 (i = 1, 2, \cdots, q)$，$\beta_i \geq 0 (i = 1, 2, \cdots, p)$。

GARCH 模型能反應金融市場波動集聚性的特點，也能描述資產收益率變量的寬尾特徵。GARCH 模型的參數估計出來以後，就可以對模型進行解釋、假設檢驗、統計推斷和預測等。通常為了簡化計算，大多數研究者採用低階的 GARCH 模型，例如：GARCH(1,1)，GARCH(2,1) 或 GARCH(1,2) 等。本書考慮 GARCH 各階模型，再根據具體數據表現選擇最優模型。

其中 GARCH(1,1)，GARCH(2,1)，GARCH(1,2) 和 GARCH(2,2) 用 Eviews 軟件計算，更高階的 GARCH (p, q) 模型則利用 GMDH 算法根據樣本數據自動確定其階數和參數。將 ε_{t-1}^2，ε_{t-2}^2，$\cdots$，ε_{t-q}^2，σ_{t-1}^2，σ_{t-2}^2，$\cdots$，σ_{t-p}^2 作為輸入變量，σ_t^2 作為輸出變量，由 GMDH 算法依據最小偏差準則自動選擇輸入變量，利用傳遞函數進入下一層，直到最優狀態，沿最後一層往回遞推，就可確定模型。由於 GMDH 算法可自動選擇輸入變量，同時估計參數，利用這一特性，可自動選擇 GARCH (p, q) 模型的階數和參數，避免人為設定造成的誤差。最後各模型依據 AIC 準則和變量的顯著性檢驗，選出最優 GARCH 模型，并進行波動的分析和預測。

5.2.3 人民幣匯率波動的 GARCH 建模

GARCH(1,1)，GARCH(2,1)，GARCH(1,2) 和 GARCH(2,2) 用 Eviews 軟件計算。更高階的 GARCH (p, q) 模型利用 KnowledgeMiner 軟件計算，因為匯率數據為每週五天的日數據，選擇滯後 5 期的 ε_{t-1}^2，ε_{t-2}^2，…，ε_{t-5}^2，σ_{t-1}^2，σ_{t-2}^2，…，σ_{t-5}^2 作為輸入變量，σ_t^2 作為輸出變量，由 GMDH 算法依據最小偏差準則自動選擇輸入變量，同時估計參數。建模結果如下：

樣本一：

表 5-2　人民幣兌美元匯率波動序列的 GARCH 類模型建模（樣本一）

	AIC 值	不顯著系數
GARCH(1,1)	−13.372,7	無
GARCH(1,2)	−13.379,8	β_1
GARCH(2,1)	−13.370,5	α_1, α_2
GARCH(2,2)	−13.345,8	α_2, β_1

樣本一是取 2005 年 7 月至 2008 年 6 月這一時期，除去存在不顯著系數的模型，根據 AIC 值最小的原則來選擇模型，最優型為 GARCH(1,1)：

$$\sigma_t^2 = 4.57E - 11 + 0.047,1\varepsilon_{t-1}^2 + 0.959,1\sigma_{t-1}^2 \tag{5-7}$$
$$(0.049,8) \qquad (0.000,0) \qquad (0.000,0)$$

基於 GMDH 算法的 GARCH 模型計算結果為：

$$\sigma_t^2 = 4.32E - 11 + 0.049,1\varepsilon_{t-1}^2 + 0.036,8\varepsilon_{t-2}^2 + 0.076,5\varepsilon_{t-3}^2$$
$$+ 0.061,8\sigma_{t-1}^2 - 0.046,5\sigma_{t-2}^2 - 0.124,5\sigma_{t-3}^2 + 0.968,3\sigma_{t-4}^2 \tag{5-8}$$

不顯著的系數自動剔除，AIC 值為 −14.265,8。

樣本二：

表 5-3　人民幣兌美元匯率波動序列的 GARCH 類模型建模（樣本二）

	AIC 值	不顯著系數
GARCH(1,1)	−14.339,7	無
GARCH(1,2)	−14.335,9	β_2
GARCH(2,1)	−14.336,4	無
GARCH(2,2)	−14.377,2	無

样本二是取 2008 年 6 月至 2010 年 6 月發生金融危機的時期，除去存在不顯著系數的模型，同樣根據 AIC 值最小的原則來選擇模型，最優型為 GARCH(2,2)：

$$\sigma_t^2 = 1.59E - 09 + 0.520, 2\varepsilon_{t-1}^2 + 0.792, 5\varepsilon_{t-2}^2 - 0.089, 1\sigma_{t-1}^2 + 0.340, 6\sigma_{t-2}^2$$
$$(0.032,6) \quad (0.000,0) \quad (0.000,0) \quad (0.012,8) \quad (0.000,0)$$
(5-9)

基於 GMDH 算法的 GARCH 模型計算結果為：

$$\sigma_t^2 = 8.61E - 10 + 0.461, 8\varepsilon_{t-1}^2 + 0.491, 8\varepsilon_{t-2}^2$$
$$- 0.464, 1\sigma_{t-1}^2 + 0.171, 8\sigma_{t-2}^2 + 0.284, 8\sigma_{t-4}^2 + 0.242, 6\sigma_{t-5}^2$$
(5-10)

不顯著的系數自動剔除，AIC 值為 -15.417, 6。

樣本三：

表 5-4　人民幣兌美元匯率波動序列的 GARCH 類模型建模（樣本三）

	AIC 值	不顯著系數
GARCH(1,1)	-12.918, 9	無
GARCH(1,2)	-12.916, 7	β_2
GARCH(2,1)	-12.916, 7	α_2
GARCH(2,2)	-12.914, 4	$\alpha_2, \beta_1, \beta_2$

樣本三是取 2010 年 6 月至 2014 年 12 月這一時期，經過了金融危機，人民幣匯率繼續上升。除去存在不顯著系數的模型，同樣根據 AIC 值最小的原則來選擇模型，最優型為 GARCH(1,1)：

$$\sigma_t^2 = 5.27E - 09 + 0.122, 3\varepsilon_{t-1}^2 + 0.849, 9\sigma_{t-1}^2$$
$$(0.002,6) \quad (0.000,0) \quad (0.000,0)$$
(5-11)

基於 GMDH 算法的 GARCH 模型計算結果為：

$$\sigma_t^2 = 2.77E - 08 + 0.166, 1\varepsilon_{t-1}^2 + 0.123, 5\varepsilon_{t-3}^2 + 0.287, 2\varepsilon_{t-4}^2$$
$$+ 0.272, 4\sigma_{t-1}^2 - 0.216, 5\sigma_{t-2}^2 - 0.379, 9\sigma_{t-3}^2 + 0.767, 5\sigma_{t-4}^2$$
(5-12)

不顯著的系數自動剔除，AIC 值為 -13.316, 0。

以上 GARCH 模型均驗證了匯率收益率序列具有尖峰厚尾的特徵，波動具有集群性，且 GARCH 模型方差中的系數 $\alpha + \beta > 1$，說明人民幣面臨升值的壓

力,波動具有持續性。我們再對以上模型的殘差進行 ARCH 檢驗。結果表明,從 1 階到 5 階滯後的 F 統計量和 LM 統計量均不顯著,說明殘差不再有 ARCH 效應,GARCH 模型能很好地擬合匯率的波動。

為了將基於 GMDH 算法的 GARCH 模型建模結果與常用的 GARCH(1,1) 模型建模結果作一比較,計算兩種模型結果在 95% 的置信水平得到的 VaR 值。VaR 是金融市場風險測量的重要方法,根據 Jorion 在 1996 年的定義,VaR 實際上是要估測正常情況下資產或資產組合的預期水平與在一定置信區間下的最低水平之差,即可能最大的預期損失。基於 GARCH 模型的 VaR 計算式為:

$$VaR = \omega_0 Z_\alpha \sigma_t \tag{5-13}$$

其中,ω_0 為當期資產值;Z_α 為置信度 α 的分位數;σ_t 為 GARCH 模型中的時變條件標準差。

比較三組樣本的兩類 GARCH 模型得到的 VaR 值,包括 VaR 的最小值、最大值、均值,以及實際收益率低於 VaR 的比例。結果如下:

表 5-5　兩類 GARCH 模型的 VaR 值比較結果（樣本一）

模型	VaR 最小值	VaR 最大值	VaR 均值	實際收益率低於 VaR 的比例%
GARCH(1,1)模型	-0.078,4	0.096,2	0.004,8	3.632,7
GARCH(p,q)模型	-0.076,3	0.164,2	0.003,3	1.424,7

表 5-6　兩類 GARCH 模型的 VaR 值比較結果（樣本二）

模型	VaR 最小值	VaR 最大值	VaR 均值	實際收益率低於 VaR 的比例%
GARCH(2,2) 模型	-0.077,8	0.094,7	0.003,5	2.017,3
GARCH（p, q）模型	-0.069,9	0.082,5	0.002,4	1.236,7

表 5-7　兩類 GARCH 模型的 VaR 值比較結果（樣本三）

模型	VaR 最小值	VaR 最大值	VaR 均值	實際收益率低於 VaR 的比例%
GARCH(1,1) 模型	-0.086,4	0.067,5	0.005,1	3.092,3
GARCH(p,q)模型	-0.053,1	0.134,4	0.003,6	1.101,9

根據以上結果可見,在 95% 的置信水平下,三組樣本的兩類 GARCH 模型都能很好地描述匯率的波動情況,并且實際收益率低於 VaR 的比例均小於

5%。進一步比較兩種模型的精度，基於GMDH算法的GARCH模型較GARCH(1,1) 或GARCH(2,2) 模型更能全面地描述匯率的波動性；且根據GARCH模型計算的 *VaR* 值，實際收益率低於 *VaR* 的比例，基於GMDH算法的GARCH模型較GARCH(1,1) 或GARCH(2,2) 模型要更低。因此，基於GMDH算法的GARCH模型更精確、更穩健。

5.3 外匯干預對人民幣匯率的干預效果仿真研究

5.3.1 人民幣外匯干預

匯率作為一國的核心經濟變量，匯率的波動會直接影響到該國的經濟穩定和發展。在固定匯率製度下，各國對超出波動範圍的匯率會進行干預；在浮動匯率製度下，由於匯率受多種因素的影響導致其複雜多變，匯率的波動頻率和波動幅度可能會超出政府的預期範圍。因此，為了維護本國的經濟利益，各國政府都會不時地採取不同程度的外匯干預措施，使匯率水平和匯率波動回到預期範圍。

狹義的外匯干預指中央銀行的入市交易，為了影響本國貨幣的匯率，貨幣當局在外匯市場上進行所有外匯買賣的行為，包括利用外匯儲備、官方借貸、中央銀行間調撥等①。廣義的外匯干預指各國央行為了影響匯率而發布的關於外匯市場的消息、貨幣當局官員發表的談話、限制貨幣自由兌換的管制、限制國際資本流動的項目管制等，都具有影響匯率的價值，都屬於外匯干預②。

根據不同的角度和方法，外匯市場干預分為直接干預和間接干預、衝銷干預和非衝銷干預、單獨干預和聯合干預、利率調整和貨幣供應量控製、穩定性干預和目標圈干預、公開干預和秘密干預等。貨幣當局實施外匯干預的目的是為了熨平匯率的短期波動，糾正匯率的嚴重偏離，對匯率波動起到抑制效應，引導匯率過渡到新的均衡水平，實現國家的宏觀政策目標。

2005年7月21日，中國央行宣布人民幣匯率改革，人民幣兌美元的匯率從1美元兌8.276,5元人民幣調至8.110,0元人民幣。2006年1月4日起中國

---

① M. Philippe Jurgensen. Report of the working group on exchange market intervention [M]. US Department of the Treasury, 1983.

② Dominguez K M. Central bank intervention and exchange rate volatility [J]. Journal of International Money and Finance, 1998, 17 (1).

實行「銀行間即期外匯市場上引入詢價交易方式（OTC）」，根據詢價交易方式來制定匯率中間價。中國人民銀行規定當日銀行間即期外匯市場上，人民幣兌美元交易價的浮動不得超出中間價的0.3%，歐元、日元、港幣等交易不得超出3%。2006年5月15日，人民幣對美元匯率的中間價突破8.0的關口，達到1美元兌人民幣7.998,2元。2007年5月21日中國人民銀行宣布，將當日銀行間即期外匯市場人民幣兌美元交易價的浮動幅度，由0.3%擴大到0.5%。2007年7月3日，人民幣對美元的中間價繼續突破7.60關口，為1美元兌人民幣7.595,1元。2008年4月10日，人民幣對美元的中間價首次跌至「7」以下，達到1美元兌人民幣6.992,0元。2008年下半年至2010年6月受到金融危機的影響，央行採取較為嚴格的外匯管制措施，使人民幣穩定在「6.8」附近。2010年6月19日，中國人民銀行宣布在2005年的匯改基礎上繼續進一步推進人民幣匯率形成機制的改革，人民幣兌美元匯率再次上升。2012年中國人民銀行宣布，從2012年4月16日起，當日銀行間即期外匯市場人民幣兌美元交易價的浮動幅度由0.5%擴大到1%。2013年9月12日，人民幣對美元匯率中間價為1美元兌人民幣6.157,5元，較前一交易日持續上漲26個基點，創下2005年匯改以來的新高。至2013年年底，人民幣從2005年啓動改革以來累計升值達23.99%。但是進入2014年後，人民幣兌美元匯率出現了下降趨勢，反覆波動。2014年1月初至6月，人民幣兌美元匯率的中間價由6.097下跌至6.171，此後人民幣兌美元匯率反覆波動，2014年11月底，上升至6.115，隨後又再次下跌至6.122。整個2014年人民幣兌美元匯率的波動幅度較大，時而上升時而下降，匯率市場走勢十分複雜。從2005年的匯率改革至今九年多時間，人民幣匯率價格和波動隨著金融市場的變化而起伏，匯率呈現日益複雜化和動態化的趨勢。

　　以上這些數據都說明，中國央行對人民幣匯率市場採取了外匯干預，同時干預是有效的。

　　中國外匯干預的主體是中國人民銀行，通過與國內銀行間外匯市場的主要會員直接進行外匯買賣交易來進行外匯干預，交易對手包括四大國有股份制銀行和部分中資銀行及境內的外資金融機構。中國外匯市場干預的資金直接來自於國家外匯儲備，外匯儲備的增減又與中央銀行的基礎貨幣投放、貨幣供應量等重要的宏觀經濟變量直接關聯，這樣必然會引發宏觀經濟的波動；反過來也會使外匯干預受到制約，影響干預的獨立性。中國的外匯干預主要以衝銷干預為主，在進行外匯買賣的同時，又通過公開市場操作等貨幣政策對國內市場進行反向操作，以期達到本幣供應量不變的目的。同時中國的外匯干預採取獨立

干預，沒有與他國一起進行的聯合干預。中央銀行經常採取聲明干預形式，例如金融危機期間，中國政府多次鄭重承諾人民幣不貶值；2012 年以來，政府又多次宣布要維護人民幣匯率在合理、均衡水平上的基本穩定，等等。這些聲明干預起到了較好效果。

由於銀行間外匯市場引入詢價機制和做市商製度，使得中央銀行的做市義務轉化成了做市銀行的市場行為，中央銀行對外匯市場的調控就通過做市商來間接干預外匯市場，匯率就更接近於真實價值，增強中央銀行的干預實力和政策信譽。通過做市商進行外匯干預，是中央銀行增強干預效果，減少干預成本的有效途徑。

關於外匯干預的有效性，根據前文的文獻綜述，大多數的研究採用 GARCH 模型來驗證，有很好的實證效果（Hansen, Lunde, 2005[①]; Hoshikawa, 2008[②]），因此本節也採用 GARCH(1,1) 模型來驗證中國外匯干預的有效性。

5.3.2 外匯干預的有效性仿真模型

（1）外匯干預的有效性

外匯干預的目的是抑制匯率波動，使匯率水平回覆到均衡狀態。因此匯率干預的有效性，引起眾多學者的討論和研究。關於外匯干預的有效性研究一是分析外匯干預效力的作用渠道，研究干預過程和作用效果，評估外匯干預的有效性；二是檢驗外匯干預對匯率水平、匯率波動和匯率預期的影響，評估外匯干預的有效性。

外匯干預效力的作用渠道主要有資產組合渠道、信號渠道，以及基於市場微觀結構的傳統渠道。國內外學者通過研究發現衝銷干預通過資產組合渠道在短期內是有效的，同時聯合干預也是有效的。國內學者也對人民幣匯率的外匯干預渠道進行了研究。刁鋒（2002）[③] 利用風險溢價模型，對外匯干預的資產組合模型進行實證檢驗，證實通過資產組合渠道的外匯干預是有效的。陳浪南、黃洵（2004）[④] 採用干預分析模型來考察日美兩國央行對日元兌美元匯率

[①] Hansen P R, Lunde A. A forecast comparison of volatility models: does anything beat a GARCH (1, 1)? [J]. Journal of applied econometrics, 2005, 20 (7).

[②] Hoshikawa T. The effect of intervention frequency on the foreign exchange market: The Japanese experience [J]. Journal of International Money and Finance, 2008, 27 (4).

[③] 刁鋒. 中國外匯市場干預資產組合渠道有效性實證檢驗 [J]. 南開經濟研究, 2002 (3).

[④] 陳浪南, 黃洵. 聯合外匯干預的實證研究 [J]. 經濟研究, 2004 (5).

進行的聯合干預效果。研究結果表明，1998年6月17日的美日聯合外匯干預對日元兌美元匯率產生了一定的影響，但聯合干預與非聯合干預在效果上沒有重大差別，且其影響很短暫。桂詠評（2008）[1] 利用2004—2006年國內的數據，得出通過資產組合渠道的國內的外匯干預是有效的。秦鳳鳴、卞迎新（2013）[2] 採用SVAR模型研究了2005年匯率改革之後的外匯干預，分析了中國的外匯干預、貨幣政策與人民幣匯率間的動態關係。實證分析結果顯示外匯干預對同期匯率有顯著影響，利率的上升及廣義貨幣供應量的變動也對同期匯率有一定的影響，但不太顯著；同時可以驗證外匯干預是非衝銷的，外匯干預的有效作用渠道是信號渠道。

關於外匯干預有效性的研究還有通過檢驗外匯干預對匯率水平、匯率波動等的影響，評估外匯干預的有效性。研究方法主要有事件分析法和GARCH模型。由於美國、日本等國家對外公布了貨幣當局對匯率實行的外匯干預數據，包括干預量和干預頻率等，因此大量關於外匯干預有效性的研究是關於美元兌日元、日元兌歐元等匯率的。Toshiaki和Kimie（2006）[3] 利用官方公布的數據，利用GARCH模型研究了日本央行的外匯干預，通過日元兌美元、日元兌馬克的匯率進行實證分析，結果表明日本央行和美聯儲的外匯干預都很有效地改變了匯率變動的方向，并且降低了匯率的波動。匯率干預對匯率水平和匯率波動都有顯著的影響，外匯干預的有效性依賴於時間段的區分，并且外匯干預存在更高的匯率波動成本。同時發現公開的干預會使匯率波動下降，而未公開的干預則會增加匯率波動。干杏娣（2007）[4] 利用中國的匯率相關數據，採用事件分析法及非參數檢驗分析了中國的外匯干預。實證結果表明干預效果顯著，并且當人民幣相對美元貶值時賣出美元支持人民幣堅挺的外匯干預效果要優於人民幣相對升值時買入美元阻止人民幣升值的效果。外匯干預可以改變金融市場的波動，增強貨幣政策的目的性。Suardi（2008）[5] 通過採用非線性雙閾值GARCH模型檢驗日本和美國外匯干預的有效性。研究結果發現，當匯率

---

[1] 桂詠評.中國外匯干預有效性的協整分析：資產組合平衡渠道 [J].世界經濟, 2008（1）.

[2] 秦鳳鳴,卞迎新.貨幣政策衝擊、外匯干預與匯率變動的同期與動態關聯研究 [J].經濟理論與經濟管理, 2013（3）.

[3] Toshiaki Watanabe, Kimie Harada. Effects of the Bank of Japan's intervention on yen/dollar exchange rate volatility. Journal of the Japanese and international Economies, 2006（20）.

[4] 干杏娣,楊金梅,張軍.中國央行外匯干預有效性的事件分析研究 [J].金融研究, 2007, 327（9）.

[5] Suardi S. Central bank intervention, threshold effects and asymmetric volatility: evidence from the Japanese yen-US dollar foreign exchange market. Economic Modeling, 2008, 25（4）.

被嚴重高估或低估時，外匯干預對改變匯率水平的變化和減少匯率波動的幅度均有效。GARCH 模型還驗證了匯率的波動具有非對稱性，負面的政治製度對匯率波動的影響遠遠大於創新製度對匯率的影響。此外央行通過調節利率的外匯干預措施對匯率變化有顯著影響。Hillebrand（2009）[①] 利用 GARCH 模型建立外匯干預與匯率波動之間的關係，以此來研究日本央行外匯干預的有效性。實證結果表明 1995—1999 年間的外匯干預對匯率波動沒起到預期的作用，匯率波動反而在增加；而 1999—2004 年間的外匯干預對匯率波動是有效的，匯率波動在減少。王霞（2013）[②] 利用 2002—2011 年的外匯干預數據，採用事件分析法對中國外匯干預的有效性進行了實證分析。結果表明央行對人民幣實施的外匯干預是有效的，但干預效果不具有對稱性，即賣出美元促使人民幣升值的效果比買入美元促使人民幣貶值的效果要好，實行管理浮動製度下的干預效果比釘住美元匯率製度下的干預效果要好。

（2）外匯干預有效性檢驗模型

現有外匯干預有效性的文獻大多採用 GARCH 模型，將匯率水平的變動作為被解釋變量，外匯干預的數量、頻率、方式、匯率的偏離等作為解釋變量，檢驗外匯干預的有效性。本著節約原則，選擇低階數的 GARCH(1,1) 模型來對中國央行的外匯干預有效性進行檢驗。

影響外匯干預有效性的因素眾多，通過觀察不同的因素對外匯干預策略的明顯影響，一般採用外匯干預量、干預頻率、干預方式以及聯合干預四個要素。外匯干預數量為央行採取干預措施時的主要因素，干預數量過大會引起匯率的過度波動導致匯率超調，而干預數量過小則可能達不到干預的效果。同時干預數量也是多數研究選擇的基本變量（Marcel，2005[③]；Jun，2006[④]；Suardi，2008[⑤]）。干預頻率為一年內干預的天數所占的頻率，干預方式主要指干預的連續性，聯合干預指美國為了影響人民幣兌美元匯率在外匯市場上的貨幣買賣。但是由於中國央行沒有公布外匯干預的數據，因此干預頻率、干預方

[①] Hillebrand E, Schnabl G, Ulu Y. Japanese foreign exchange intervention and the Yen-to-Dollar exchange rate: a simultaneous equations approach using realized volatility. Journal of International Financial Markets, Institutions and Money, 2009, 19 (3).

[②] 王霞. 中國中央銀行外匯干預有效性的事件分析研究 [J]. 華東經濟管理, 2013 (5).

[③] Marcel Fratzscher. How Successful Are Exchange Rate Communication And Interventions? Evidence From Time-Series And Event-Study Approaches [R]. European Central Bank, 2005.

[④] Jun J. Friction model and foreign exchange market intervention [J]. International Review of Economics and Finance, 2008, 17 (3).

[⑤] Suardi S. Central bank intervention, threshold effects and asymmetric volatility: evidence from the Japanese yen-US dollar foreign exchange market. Economic Modeling, 2008, 25 (4).

式及聯合干預都無法取得。本書為了驗證外匯干預的有效性，用央行公布的外匯儲備量來表示累積干預量，其餘三個要素則暫不考慮。

標準的 GARCH(1,1) 模型為：

$$y_t = x_t^T \beta + \varepsilon_t, \quad t = 1, 2, \cdots, T \quad (5-9)$$

$$\varepsilon_t = \sigma_t \nu_t \quad (5-10)$$

$$\sigma_t^2 = \alpha_0 + \alpha_1 \varepsilon_{t-1}^2 + \alpha_2 \sigma_{t-1}^2 \quad (5-11)$$

其中 $v_t \sim i.i.d. N(0,1)$，$\alpha_0 > 0$，$\alpha_1 \geq 0$，$\alpha_2 \geq 0$。

根據本書選擇的基本要素，用於檢驗外匯干預效果的 GARCH(1,1) 模型為：

$$\Delta S_t = \beta_0 + \beta_1 \Delta S_{t-1} + \beta_2 Int_t + \varepsilon_t \quad (5-12)$$

$$\varepsilon_t = \sigma_t \nu_t \quad (5-13)$$

$$\sigma_t^2 = \alpha_0 + \alpha_1 \varepsilon_{t-1}^2 + \alpha_2 \sigma_{t-1}^2 + \varphi_1 | Int_t | \quad (5-14)$$

其中 $v_t \sim i.i.d. N(0,1)$，$\alpha_i > 0$，$i = 0, 1, 2$，$\varphi_j > 0$，$j = 1, 2, 3$。ΔS_t 表示匯率收益率序列，即匯率價格取自然對數後再一階差分的序列，ΔS_{t-1} 為其一階滯後變量，Int_t 表示央行的外匯干預數量。

5.3.3 人民幣外匯干預數據及預處理

目前世界上除了美國、日本外，大多數國家並沒有公布央行的外匯干預數據，中國央行也沒有對外公布外匯干預數據。參考國內外多位學者的研究，Branson et al. (1977)[①] 將德國的外匯儲備（以美元計）減去累積分配的特別提款權；Obstfeld (1983)[②] 將德國中央銀行的淨外國資產變化減去外匯儲備的改變量；國內學者干杏娣 (2007)[③] 用銀行間外匯市場人民幣兌美元的日交易量作為外匯干預變量；桂詠評 (2009)[④] 用外匯儲備的月度數據作為外匯干預的累積值。本書採用外匯儲備的改變量作為外匯干預的替代變量，數據取自中國人民銀行網站公布的國家外匯儲備月度數據。人民幣兌美元的匯率數據取匯率中間值，由每日數據整理成月度數據，以便與外匯干預數據保持頻率一致，數據來自中國人民銀行網站。

[①] Branson W H. Asset markets and relative prices in exchange rate determination [M]. Princeton Studies in International Finance, Princeton University Press, 1977.

[②] Maurice Obstfeld. Exchange rates, inflation, and the sterilization problem: Germany, 1975—1981 [J]. European Economic Review, 1983, 21 (1-2).

[③] 干杏娣, 楊金梅, 張軍. 中國央行外匯干預有效性的事件分析研究 [J]. 金融研究, 2007, 327 (9).

[④] 桂詠評. 中國外匯干預有效性的協整分析：資產組合平衡渠道 [J]. 世界經濟, 2008 (1).

自匯改以來，中國的外匯儲備量呈快速增長態勢，到 2014 年 6 月增幅達 4.19 倍，總量和增幅都創歷史新高，如圖 5-5 所示。與此同時，人民幣匯率也在逐步上升，期間伴隨著小幅波動，但總體趨勢為上升態勢，如圖 5-6 所示。從圖 5-5 和圖 5-6 可以發現，匯改之後，中國的外匯儲備節節攀升，人民幣兌美元匯率則在下降。一方面，外匯儲備的快速增長導致了人民幣升值的預期；另一方面，人民幣升值預期的形成又助長了外匯儲備的增加。

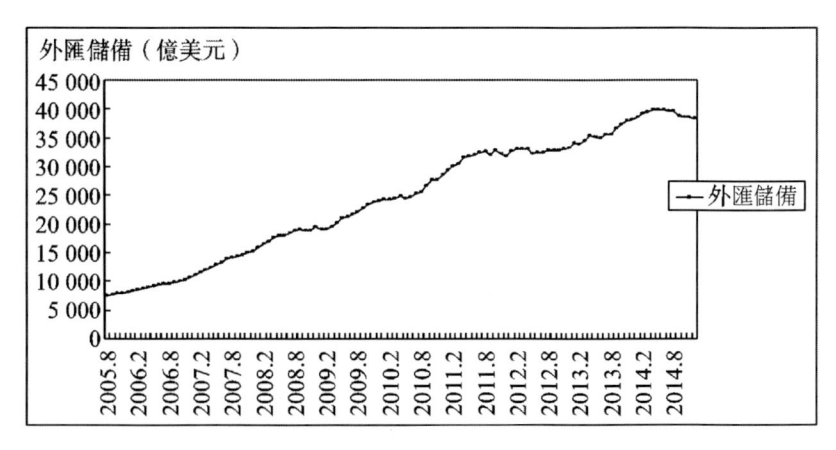

圖 5-5　2005—2014 年中國外匯儲備量

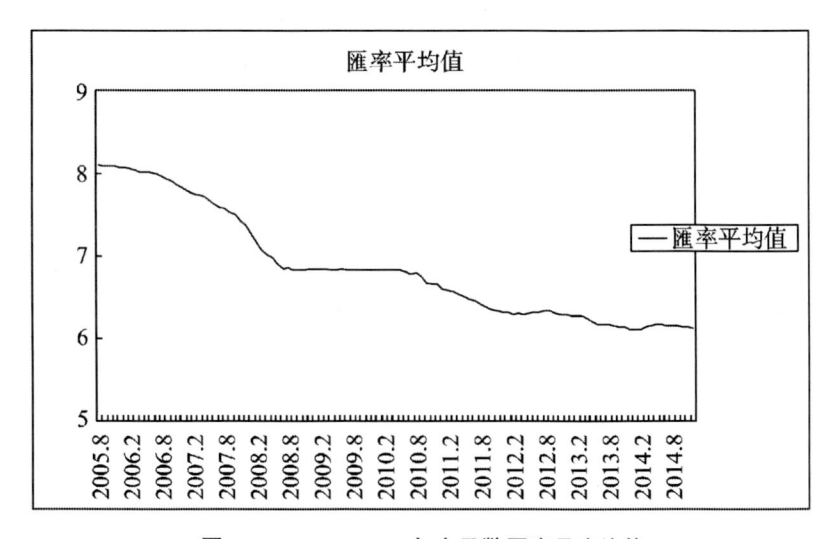

圖 5-6　2005—2014 年人民幣匯率月度均值

本書用外匯儲備的對數差分變量作為外匯干預變量，得到外匯干預變量 Int_t。正值表示買入美元賣出人民幣的外匯干預量，負值表示賣出美元買入人

民幣的外匯干預量，整理如圖 5-7 所示。從圖中可以看出，央行的外匯干預在 2008 年之前都是買入美元，外匯干預的數量和頻率都較小；而 2008—2010 年間，由於出現國際金融危機，外匯干預的頻率和數量都在增加，同時也出現了賣出美元的情況；2010—2014 年，金融危機的持續影響，2012 年的匯改，以及 2014 年由於國際國內因素導致人民幣匯率下降，擴大了匯率交易的浮動幅度，這些因素都導致了外匯干預的頻發。

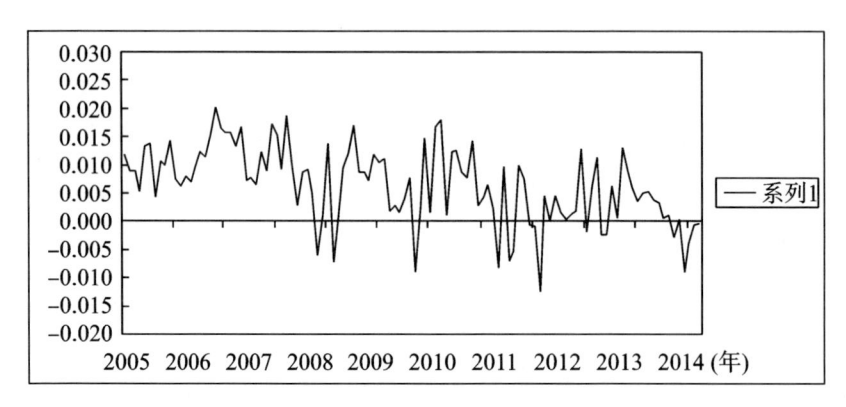

圖 5-7 人民幣匯率的干預數據

人民幣兌美元的匯率數據取匯率中間的月度數據，取自然對數後的一階差分記做匯率收益率序列 ΔS_t；外匯干預量用外匯儲備量取自然對數後的一階差分，記作 Int_t。數據來自中國人民銀行網站，取 2005 年 9 月到 2013 年 12 月的月度數據，共 100 個樣本。人民幣兌美元的匯率收益率 ΔS_t 和外匯干預量 Int_t 樣本數據的描述統計如表 5-8 所示。

表 5-8　　　　　　　　　　樣本數據的描述統計

統計量	均值	標準差	最大值	最小值	峰度	偏度
匯率收益率 ΔS_t	-0.010,6	0.085,7	0.001,2	-0.786,5	83.934,8	-9.159,9
外匯干預 Int	0.014,9	0.016,4	0.064,66	-0.028,5	-0.268,7	-0.336,1

匯率波動 ΔS_t 的峰度大於正態分布的峰度 3，表明匯率波動序列呈「尖峰厚尾」特徵，此時通常採用 GARCH 模型來研究匯率波動的變化。同時對匯率波動序列 ΔS_t 進行 ARCH-LM 效應檢驗。結果表明，在滯後 10 階的情況下，其 p 值仍然小於顯著性水平 0.05，這說明殘差序列存在高階 ARCH 效應，因此該序列適用 GARCH 模型。為了確定 GARCH 模型的階數，用 AIC 準則和 SC 準則為判斷標準，發現不同階數下的標準化殘差的差別不大，因此為了計算方便，

選擇最簡潔最低階數的 GARCH(1,1) 模型。

5.3.4 人民幣外匯干預對匯率波動的抑制效應檢驗

首先對兩個序列進行單位根檢驗，以判斷序列是否平穩。

表 5-9 人民幣兌美元匯率收益率序列和外匯干預量序列平穩性檢驗

	ADF 統計量	p 值		ADF 統計量	p 值
匯率收益率序列	-3.447,2	0.011,6	外匯干預量序列	-8.851,7	0.000,0

由 ADF 檢驗結果可知，匯率收益率序列與外匯干預量序列均是平穩序列，接下來進行 GARCH 模型估計。

外匯干預策略與干預效果的 GARCH(1,1) 模型實證結果如下：

均值方程：

$$\Delta S_t = -8.6E-05 + 0.391,4\Delta S_{t-1} + 0.227,5\Delta S_{t-2} - 0.055,2 Int_t + \varepsilon_t$$
$$(-0.45) \quad (4.14) \quad (2.37) \quad (-2.99)$$

(5-15)

$$R^2 = 0.426,3, \quad DW = 2.263,4$$

方差方程：

$$\sigma_t^2 = -0.044,7 + 0.346,7\varepsilon_{t-1}^2 + 0.736,8\sigma_{t-1}^2 - 0.103,5 | Int_t |$$
$$(2.28) \quad (2.46) \quad (6.47) \quad (5.47)$$

(5-16)

由上面的結果可以看出，GARCH 模型的系數在顯著性水平為 0.05 時均顯著。繼續對殘差序列作 ARCH-LM 檢驗，結果表明，從滯後 1 階到滯後 10 階，其 p 值仍然大於顯著性水平 0.05，這說明殘差序列不再存在自迴歸條件異方差，殘差序列不存在自相關性。

均值方程中，匯率收益率的前期 ΔS_{t-1} 的系數為 0.391,4。表示當前期匯率收益率上升（或下降）1% 時，當期的匯率收益率將會隨之上升（或下降）0.391,4%。人民幣匯率是一種資產價格，外匯市場參與者對外匯資產的需求取決於對不同資產預期收益率的比較。當前一期人民幣匯率下降時，外匯市場參與者預期人民幣將升值，從而加速購買人民幣，外匯市場上美元需求減少，人民幣供小於求，匯率繼續下降，人民幣將會持續升值。

均值方程中，外匯干預變量 Int_t 的系數顯著為負，即干預事件發生後，匯率的變動方向與干預的方向一致，說明外匯干預有效地影響了匯率水平。外匯干預變量 Int_t 的系數為 -0.055,2，表明如果中國外匯儲備增長率 1 個月前上升 1%，則人民幣匯率增長率將下降 0.05%，即升值幅度減少 0.05%；反之，如

果中國外匯儲備增長率下降1%，則人民幣匯率增長率將上升0.05%，即升值幅度增加0.05%。外匯干預一定程度上可以降低人民幣匯率的升值幅度，但不能完全抑制匯率的升值。方差方程中，外匯干預量的係數顯著為負，表示外匯干預會減少匯率的波動，儘管係數很小，也說明對波動起到熨平的效果。

5.3.5 外匯干預情景仿真分析

對以上外匯干預策略與干預效果的 GARCH(1,1) 模型進行情景仿真分析，假設三種情景：人民幣快速升值模式、金融危機模式和人民幣貶值模式。

情景一：人民幣快速升值模式。取 2005 年 9 月至 2008 年 5 月，這一時期是 2005 年匯率改革的初期，人民幣兌美元快速升值，外匯干預量較小。

情景二：金融危機模式。取 2008 年 6 月至 2010 年 5 月，這一時期正值國際金融危機時期，為了保護人民幣不受國際金融危機影響，央行採取了較為嚴格的外匯干預措施，人民幣兌美元匯率暫停上升。

情景三：人民幣貶值模式。取 2015 年 1 月至 7 月，這一時期受國內外政治經濟等因素的影響，人民幣出現了貶值，央行採取的干預措施較多，外匯干預量較大。

利用 GARCH 模型的均值方程（5-15）對以上三種情景進行仿真，再與實際的匯率波動序列進行比較，結果如圖 5-8 至圖 5-10 所示。

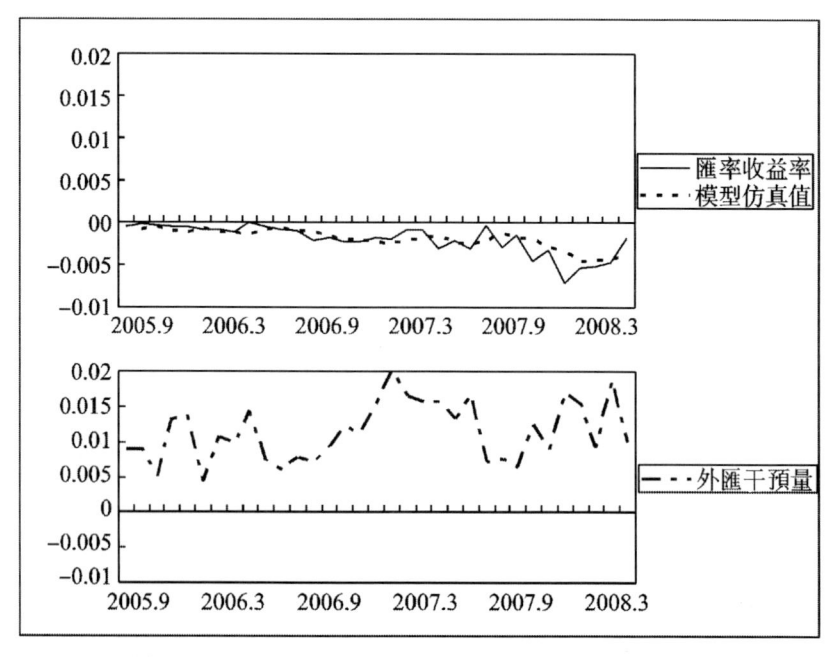

圖 5-8　2005 年 9 月至 2008 年 5 月匯率收益率仿真比較

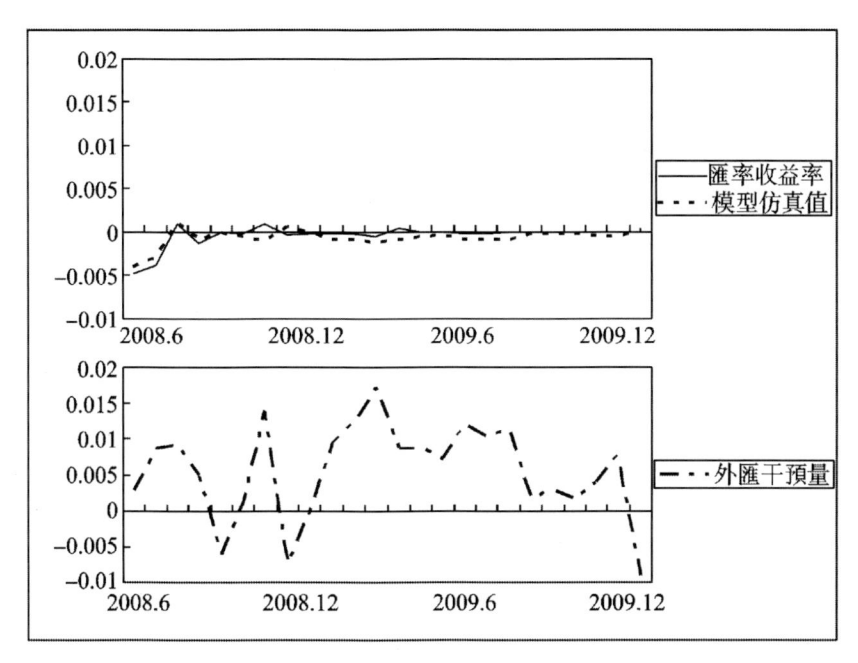

圖 5-9　2008 年 6 月至 2010 年 5 月匯率收益率仿真比較

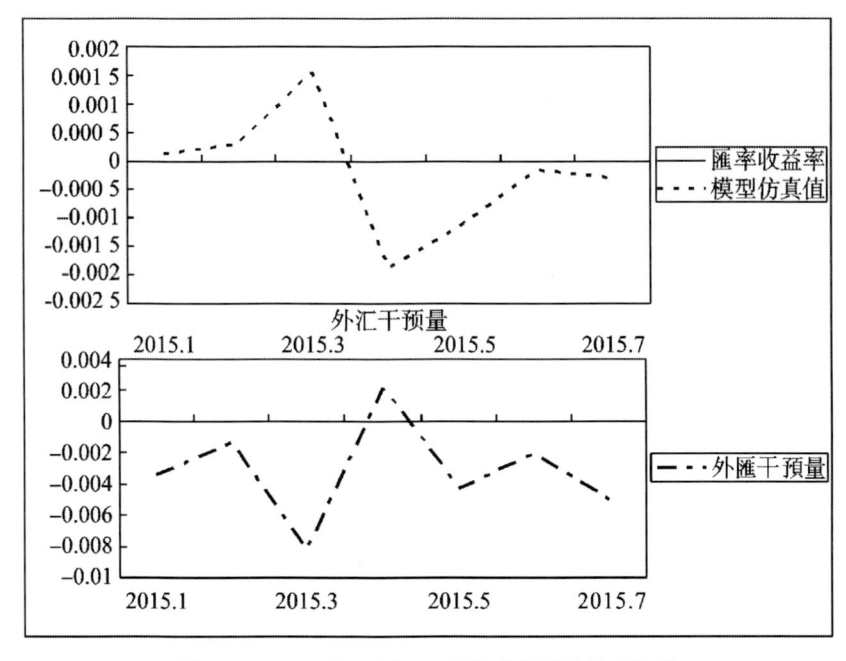

圖 5-10　2015 年 1 月至 7 月匯率收益率仿真比較

5　外匯干預條件下的人民幣匯率波動模型

由圖 5-8、圖 5-9 和圖 5-10 可知,利用外匯干預策略與干預效果的 GARCH(1,1) 模型進行情景仿真,三種情景下匯率收益率的仿真效果均很好,很好地擬合了匯率收益率的變化趨勢。在人民幣快速升值時期,外匯干預的方向單一,均為買進外匯,這一時期的匯率保持上升態勢,波動較大,在外匯干預措施下,匯率波動在向干預方向靠攏。在金融危機時期,外匯干預的力度在增加,同時也出現了雙向干預,這一時期的匯率保持穩定,波動很小,在外匯干預措施下,匯率在預定範圍內變動。匯率下降時期,央行在 2015 年的外匯干預頻繁,外匯干預的力度在增加,並且出現反方向的干預,這一時期的匯率開始下降,同時出現雙向波動,在外匯干預措施下,匯率波動在向干預方向靠攏,波動在逐漸減小。

中國實行有管理的浮動匯率製度,自匯率製度改革以來,中央銀行對外匯市場進行了頻繁的外匯干預,直接在外匯市場上買賣美元資產,目的是避免匯率劇烈地波動,將匯率維持在合理水平,避免人民幣升值過快。如果此時中央銀行同時在國內採取衝銷式干預,利用公開市場操作等貨幣政策工具來抵銷買賣美元對貨幣供應量的影響,此時基礎貨幣供應量不變,國內價格不變,美元需求增加,人民幣貶值,匯率上升;反之,當中央銀行採取非衝銷式干預時,在外匯市場上買入美元資產,使得市場上貨幣供應量增加,在其他條件不變的情況下,國內價格將隨之上升,人民幣也出現貶值,匯率上升。2012 年二次匯改之後,中國中央銀行的外匯干預措施較為頻繁,並取得了成效。

綜上所述,GARCH(1,1) 模型能很好地描述外匯干預與干預效果的關係,同時也證實外匯干預對匯率波動起到了抑制效應,可以有效改變匯率水平,熨平匯率波動,使匯率水平回覆到目標區域。

5.4 本章小結

本章主要構建人民幣匯率的波動模型,首先利用 GARCH 模型來分析人民幣兌美元匯率的波動,為了準確描述匯率波動,將人民幣兌美元匯率樣本分為三個子樣本,分別取 2005—2008 年,匯改初期;2008—2010 年,金融危機期間;2010—2014 年,持續匯改時期。分別採用了 GARCH(1,1),GARCH(2,1),GARCH(1,2) 和 GARCH(2,2) 模型,以及高階 GARCH 模型來分析匯率波動。其中高階 GARCH 模型是利用 GMDH 算法根據樣本數據自動選擇 GARCH 模型的階數與參數。實證結果表明,參考系數的顯著性和模型的 AIC

值，各階的 GARCH 模型都能很好地描述匯率的波動情況，均驗證了收益率具有尖峰厚尾的特徵，波動具有集群性，且 $\alpha + \beta > 1$，說明人民幣面臨升值的壓力，波動具有持續性。比較 95% 置信水平下的 VaR 值，匯率水平序列的實際收益率低於 VaR 的比例均小於 5%，其中基於 GMDH 算法的 GARCH 模型較 GARCH(1,1) 或 GARCH(2,2) 模型的 VaR 值更小，說明正常情況下匯率波動的預期損失非常小，因此基於 GMDH 算法的 GARCH 模型更能精確全面地描述匯率的波動性。

接著討論了中國央行對人民幣匯率採取的外匯干預措施，人民幣的管理浮動匯率製度的管理體現在根據國際收支的平衡狀態來調節匯率的浮動幅度，可以有效應對國際國內金融市場的異動，防止匯率出現大幅度的波動，具體表現為外匯干預。本章針對 2005—2014 年的人民幣外匯干預數據，在 GARCH 模型中引入外匯干預變量，構建人民幣匯率的波動模型，分析匯率波動的變化以及外匯干預對匯率波動的影響。結果發現均值方程中，外匯干預變量 Int_t 的系數顯著為負，即干預事件發生後，匯率的變動方向與干預的方向一致，說明外匯干預有效地影響了匯率水平。外匯干預變量 Int_t 的系數為-0.055,2，表明如果中國外匯儲備增長率 1 個月前上升 1%，則人民幣匯率增長率將下降 0.05%，即升值幅度減少 0.05%；反之，如果中國外匯儲備增長率下降 1%，則人民幣匯率增長率將上升 0.05%，即升值幅度增加 0.05%。外匯干預一定程度上可以降低人民幣匯率的上升幅度，但不能完全抑制人民幣的升值。方差方程中，外匯干預量的系數顯著為負，表示外匯干預會減少匯率的波動，儘管系數很小，也說明對波動起到熨平的效果。針對人民幣快速升值模式、金融危機模式、人民幣貶值模式三種不同情景，利用外匯干預策略與干預效果的 GARCH(1,1) 模型進行情景仿真，三種情景下匯率收益率的仿真效果均很好，很好地擬合了匯率收益率的變化趨勢。人民幣匯率市場的外匯干預對匯率水平的影響和匯率波動的熨平是有效的干預。

6 基於半參數模型的人民幣匯率趨勢與波動綜合分析

6.1 引言

在前幾章裡,分別驗證了匯率時間序列存在複雜的非線性特徵,既有確定性因素的影響,也有隨機因素的影響,不能用普通的線性模型來描述其行為特徵;同時,考慮人民幣匯率採取的是有管理的浮動匯率製度,存在外匯干預,不是完全的自由浮動。人民幣的管理浮動匯率製度主要包括以下內容:浮動特徵體現在以市場供求為基礎的浮動匯率,發揮匯率市場價格的信號作用;管理特徵體現在根據國際收支的平衡狀態來調節匯率的浮動幅度。目前關於人民幣的匯率研究,主要側重於均衡匯率理論或是外匯干預的有效性,又或是用計量分析方法單獨分析匯率趨勢或匯率波動,少有針對管理浮動匯率製度下的匯率特徵進行研究,并將匯率的趨勢與波動融於一個模型。本書構建半參數模型分析管理浮動匯率製度下的人民幣匯率,綜合分析人民幣匯率的趨勢與波動,體現現行匯率製度下人民幣匯率的管理特徵和浮動特徵。

為了更好地反應人民幣匯率的趨勢和波動特徵,遴選出更能擬合和泛化人民幣匯率行為特徵的模型,本章用半參數模型對人民幣匯率的趨勢與波動同時進行擬合和估計。參數部分可以用確定的函數式表示匯率收益率與解釋變量之間關係和模型的結構,可以描述被解釋變量的變化趨勢。因此,用參數部分給出影響匯率水平變化的因素分析,用以體現人民幣匯率的管理特徵;非參數部分則可以表示匯率水平序列的波動,可以對被解釋變量作補充描述和局部調整。由此可見,非參數部分可以把握匯率水平序列的波動特徵,用以體現人民幣匯率的浮動特徵。從而瞭解匯率行為特徵,為央行制定有效的外匯干預策

略、為企業採取合理措施規避外匯風險、為投資者採取高效投資決策提供參考依據和科學分析，并且提供一個有效的綜合匯率趨勢與波動的分析工具。

6.2 人民幣管理浮動製度

匯率製度是一國關於匯率的確定、維持、調整和管理而制定的一系列方式方法、原則、規定等製度，是一個國家與國際社會保持經濟聯繫的重要製度。匯率製度包括以下主要內容：確定合理的匯率的原則和依據；確定匯率波動的幅度；維持與調整匯率水平的措施和手段；管理匯率的法令、政策和機構。根據匯率製度的內容的差異，相關研究有不同的分類方法，但匯率製度大致分為三大類：固定匯率製度、自由浮動匯率製度和中間匯率製度，其中，中間匯率製度就包括有管理的浮動匯率製度。有管理的浮動匯率製度（Managed Floating Exchange Rate）指匯率水平會隨著市場浮動，但是各國的貨幣當局為了維護本國的經濟利益，使匯率水平與貨幣當局既定的目標保持一致，會採取各種方式不時地干預外匯市場，影響匯率水平。在管理浮動匯率制下，匯率在貨幣當局既定的目標區間內波動，貨幣當局通過外匯干預影響匯率水平，但這種外匯干預并不存在提前確定的干預標準。事實上，世界上大部分國家都在干預外匯市場，都屬於有管理的浮動匯率製度。

2005年7月21日，中國政府宣布在主動性、可控性、漸進性的原則下，實行人民幣匯率製度改革，採用以市場供求為基礎的、參考一籃子貨幣進行調節的有管理的浮動匯率製度。新的匯率製度下，中央銀行每日取銀行間外匯市場開盤前的市商報價的平均值為當日的人民幣中間價。這種轉變更加突出了新的匯率製度的市場化傾向，也標誌著人民幣匯率製度的根本性歷史性的轉變。自匯改以來，人民幣穩步升值，因此，人民幣匯率施行有管理的浮動匯率製度確實有利於緩解升值壓力，調節了中國的國際收支平衡，促進了經濟的穩定和發展，是當前最優的人民幣匯率製度。

人民幣的管理浮動匯率製度主要包括以下內容：浮動體現在以市場供求為基礎的浮動匯率，發揮匯率市場價格的信號作用；管理體現在根據國際收支的平衡狀態來調節匯率的浮動幅度，國際收支包括經常項目、資本項目和外匯儲備等；另外，人民幣匯率參考一籃子的貨幣，而不是只關注某一貨幣。人民幣的管理浮動匯率製度可以有效應對國際國內金融市場的異動，防止匯率出現大幅度的波動，防範國際金融市場的投機行為，使匯率向國際收支平衡和均衡匯

率調整。

　　實行匯改後，人民幣持續升值。2005年7月21日，中國央行宣布人民幣匯率改革，人民幣兌美元的匯率從1美元兌8.276,5元人民幣調至8.110,0元人民幣。2006年1月4日起中國實行「銀行間即期外匯市場上引入詢價交易方式（OTC）」，根據詢價交易方式來制定匯率中間價。中國人民銀行於每個工作日上午9：15公布人民幣外匯的中間價，作為人民幣在外匯市場交易的基準價。除美元之外的匯率中間價，則根據上午9：00國際外匯市場上美元兌歐元、日元和港幣的匯率進行套算。中國人民銀行規定當日銀行間即期外匯市場上，人民幣兌美元交易價的浮動不得超出中間價的0.3%，歐元、日元、港幣等交易不得超出3%。2006年5月15日，人民幣對美元匯率的中間價突破8.0的關口，達到1美元兌人民幣7.998,2元。2007年1月11日，人民幣對美元的中間價為1美元兌人民幣7.797,7元，突破7.8，同時13年來人民幣匯率首次超過港幣，為1港元兌人民幣1.000,04元。2007年5月9日，人民幣持續升值，匯率中間價一舉突破7.7關口。2007年5月18日中國人民銀行宣布，從2007年5月21日起，將當日銀行間即期外匯市場人民幣兌美元交易價的浮動幅度，由0.3%擴大到0.5%。2007年7月3日，人民幣對美元的中間價繼續突破7.60關口，為1美元兌人民幣7.595,1元。2008年4月10日，人民幣對美元的中間價首次跌至「7.0」以下，達到1美元兌人民幣6.992,0元。2008年下半年至2010年6月受到金融危機的影響，央行採取較為嚴格的外匯管制措施，使人民幣穩定在6.8。2010年6月19日，中國人民銀行宣布在2005年的匯改基礎上繼續進一步推進人民幣匯率形成機制的改革，堅持以市場供求為基礎，參考一籃子貨幣進行調節，按照已公布的外匯市場上的匯率交易價浮動區間，繼續對人民幣匯率的浮動進行動態管理和調節，人民幣再次升值。2012年中國人民銀行宣布，從2012年4月16日起，當日銀行間即期外匯市場人民幣兌美元交易價的浮動幅度由0.5%擴大至1%。2013年9月12日，人民幣對美元匯率中間價為1美元兌人民幣6.157,5元，較前一交易日持續上漲26個基點，創下2005年匯改以來的新高。自從中國央行2005年宣布匯改後至2013年的九年間，除開2008—2010年的金融危機期間，人民幣持續保持升值態勢，截至2013年12月底，人民幣匯率從2005年啟動改革以來累計上升24.79%。但是進入2014年後，人民幣兌美元匯率出現了下降，2014年1月初至6月，人民幣兌美元匯率的中間價由6.097下跌至6.171，此後人民幣兌美元匯率反覆波動，2014年11月底，上升至6.160，隨後又再次下跌。從2014年到2015年人民幣兌美元匯率的波動幅度較大，時而上升時而下降，匯率市場走勢十分

複雜。從 2005 年的匯率改革至今九年多時間，人民幣匯率價格和波動隨著金融市場的變化而起伏，匯率呈現日益複雜化和動態化的趨勢。

以上這些數據都說明，匯改之後的人民幣匯率處於隨市場變動而浮動的態勢，同時中國央行也對人民幣匯率市場採取了外匯干預，并且干預是有效的。因此人民幣匯率水平反應了中國的管理浮動匯率製度，對人民幣匯率的研究，需要同時兼顧外匯管理和匯率的浮動。

6.3　人民幣匯率的趨勢與波動綜合分析模型

6.3.1　人民幣匯率的半參數模型

半參數迴歸模型是將參數模型和非參數模型有機地結合後的模型，介於參數模型和非參數模型之間，其中的參數部分可以是線性的，也可以是非線性的，用來描述被解釋變量的變化趨勢，常常用最小二乘估計法。非參數部分表示變量之間隱含的關係，因此形式未定，估計方法則有核估計法、樣條估計法、近鄰估計法、小波估計法、神經網路、最小二乘支持向量機，等等。

半參數迴歸模型最早由 Engle[①] 等於 1986 提出，Engle 在研究氣象條件等因素對電力供應量的影響時，將此模型用於一系列實際問題。半參數線性迴歸模型如下：

$$Y_i = \beta Z_i + g(X_i) + u_i \qquad (6-1)$$

其中，$Z_i = (Z_{1i}, \cdots, Z_{ki})$，$X_i = (X_{1i}, \cdots, X_{di})$；$\beta$ 是未知參數向量；$g(\cdot)$ 是未知函數；u_i 是均值為零；方差為 σ^2 的隨機誤差序列。

現有的半參數迴歸模型的估計方法包括兩步估計法、二階段估計法、穩健估計-M 估計、補償最小二乘估計法、泛最小二乘估計法等方法。本章採用其中的二階段估計法，即將半參數模型分為兩部分：參數部分和非參數部分。對於參數部分通過最小二乘估計法或極大似然估計法估計參數。而對於非參數部分 $g(Z_i)$，則可採用核函數估計、k-鄰近估計、局部線性估計、多項式樣條估計、神經網路、最小二乘支持向量機等方法來估計。

半參數模型的參數部分和非參數部分需要相互補充，有機結合。因此本章擬選用最小二乘估計與核函數估計法結合構成的最小二乘-核估計法。

---

① Engle R F. Autoregressive conditional heteroscedasticity with estimates of the variance of United Kingdom inflation [J]. Econometrica：Journal of the Econometric Society，1982，50（4）.

最小二乘-核估計法：

1. 最小二乘-核估計法

參數部分用最小二乘法估計參數，非參數部分用核函數估計法，半參數模型採用二階段估計法。下面給定觀察數據 $(Y_i, Z_i, X_i)_{i=1, 2, \cdots, n}$，就最小二乘-核估計法給出半參數模型二階段估計的具體步驟：

第一步，先將模型看作標準的線性模型，

$$Y_i = \beta^* Z_i + u_i \quad (6-2)$$

利用最小二乘法估計變量 Z_i 的系數 β^*，稱為第一階段的估計值；

第二步，將第一階段的估計值 β^* 代入方程，計算得出殘差，選擇適合的窗寬 h_n，利用核估計法由殘差估計出第一階段的函數 $g^*(\cdot)$，

$$g^*(x, \beta^*) = \sum_{i=1}^{n} W_{ni}(x) Y_i - \beta^{*T} \sum_{i=1}^{n} W_{ni}(x) Z_i \quad (6-3)$$

其中 $W_{ni}(x) = K(\frac{X_i - x}{h_n}) / \sum_{j=1}^{n} K(\frac{X_j - x}{h_n})$；

第三步，由於在第一階段的估計過程中，模型的隨機誤差項發生了變化，因此需要再次估計 β 的值，以改進估計效果。根據第一階段估計的 $g^*(\cdot)$，基於式子

$$Y_i - g^*(X_i) = \beta Z_i + v_i \quad (6-4)$$

用最小二乘估計法得到 β 的第二階段估計值 β^{**}；

第四步，重複第二步，將 β 的第二階段估計值 β^{**} 代入方程，求出殘差，基於殘差用核估計法得 $g(\cdot)$ 的第二階段估計 $g^{**}(\cdot)$：

$$g^{**}(x) = \sum_{i=1}^{n} W_{ni}(x) Y_i - \beta^{**} \sum_{i=1}^{n} W_{ni}(x) Z_i \quad (6-5)$$

其中的核函數可以選擇高斯核 $K(u) = \frac{1}{\sqrt{2\pi}} \exp(-\frac{1}{2} u^2)$，均勻核 $K(u) = 0.5 I(u)_{||u| \leq 1|}$，Epanechnikov 核 $K(u) = \frac{3}{4}(1-u^2)_+$，三角形核 $K(u) = (1-|u|)_+$，四次方核 $K(u) = \frac{15}{16}((1-|u|^2)_+)^2$，六次方核 $K(u) = \frac{70}{81}((1-|u|^3)_+)^2$ 等。

6.3.2 影響人民幣匯率的經濟變量

影響人民幣匯率的因素有很多，凡是引起外匯供求關係變化的因素都會造成匯率波動，主要有經濟性因素、政策性因素及其他因素。經濟性因素包括國

際收支、通貨膨脹率、利率、經濟增長率、財政收支狀況等，政策性因素包括貨幣當局的外匯干預、政治及突發事件、政府對資本流動和貿易的管制等，以及外匯投機活動、市場預期、信息因素等其他因素。國際收支是影響匯率的最直接的因素之一，如果出口大於進口，資金流入，外匯儲備增加，國際市場對本國貨幣的需求增加，則本幣會增值；反之如果進口大於出口，資金流出，外匯儲備減少，國際市場對本國貨幣的需求下降，則本幣會貶值。通貨膨脹率是影響匯率的長期因素，兩國貨幣的比率是根據其所代表的價值量的對比來決定的，一般兩國的通貨膨脹率會存在一定的差異，通貨膨脹率高的國家貨幣匯率下跌，通貨膨脹率低的國家貨幣匯率上升。利率對匯率的影響是通過兩國的利率差異引起短期資金的流動而起作用的，如果一國利率水平相對高於他國，就會刺激國外資金流入，提高本幣的匯率；反之，如果一國的利率水平低於他國，則會導致資金外流，降低本國的匯率。經濟增長差異對匯率水平的影響是多方面的，一國的實際經濟增長率相對另一國過快，該國對外國的商品和勞務的需求會增加，相對於其可獲得的外匯供給而言，該國對外匯的需求趨於增加，導致該國貨幣匯率下跌；若對於出口導向型國家，經濟增長伴隨出口的快速增長，此時出口增長往往超過進口增長，匯率不會下跌反而上升。貨幣當局的外匯干預包括直接干預外匯市場、調整貨幣政策通過利率變動影響匯率、實行外匯管制等，這些干預雖不能改變匯率的長期走勢，但對短期走勢仍有重要影響，以達到穩定匯率抑制波動的目的。總之，影響匯率的因素有多種，這些因素均對匯率趨勢有一定的影響，選擇有效的影響因素來構建匯率決定模型才能很好地描述匯率趨勢與波動。

　　本書採用上述的二階段估計方法，用最小二乘-核估計法來對人民幣匯率行為進行擬合和預測。首先來確定參數部分的變量。變量選取時主要依據以下準則：匯率均衡理論、外匯干預理論、其他學者的研究成果、數據的可得性、考慮中國國內的實際情況等。由於均衡實際匯率理論（ERER）是針對發展中國家的匯率理論，國內很多學者將其用於人民幣均衡匯率的研究。本書并非研究人民幣均衡匯率，但是研究發展中國家的匯率水平，可以參考均衡實際匯率理論（ERER）的變量選取。

　　Edwards（1989）[①] 最初在對發展中國家的匯率進行實證研究時，提出的

---

① Edwards S. Real exchange rates in the developing countries: Concepts and measure-ment [R]. National Bureau of Economic Research, 1989.

均衡實際匯率模型中包括了貿易條件、政府對資本流動的管制、貿易限制和交易管制的程度、政府非貿易品的消費、技術進步、投資占 GDP 的比重等變量。但是由於以上解釋變量中，某些變量的數據無法獲得，因此，在實證研究中一般都對模型中的一些變量取替代變量。國內學者對此作了一些調整。張曉樸（2001）[1] 用貿易條件、勞動生產率、廣義貨幣供應量 M2、國外淨資產和利率來研究人民幣均衡匯率。施建淮和餘海豐（2005）[2] 選取了貿易條件、反應貿易政策的變量、非貿易品與貿易品的相對價格比，以及淨對外資產來構建人民幣匯率均衡模型。張露（2009）[3] 基於均衡實際匯率理論 ERER 利用經濟變量貿易條件、貿易限制、政府支出和外匯儲備等來測算人民幣均衡匯率。周陽、原雪梅、範躍進（2012）[4] 利用人民幣匯率數據研究人民幣匯率機制的彈性，發現中國調節匯率市場緩解貨幣升值壓力的方式主要是通過外匯儲備的購買，即外匯儲備量的改變是匯率變化的主要因素。孫國峰、孫碧波（2013）[5] 利用 DSGE 模型研究人民幣均衡匯率，主要影響因素有中外勞動生產率、貨幣供應量、消費情況等。孫章杰、傅強（2014）[6] 用匯率風險、政府支出、貿易條件、利率差、適應性預期變量等構建行為均衡匯率的狀態空間模型，測算了人民幣均衡匯率。以上學者在研究人民幣均衡匯率時，基於 BEER 模型、ERER 模型等均衡模型，選取的影響人民幣匯率的經濟變量有貿易條件、勞動生產率、對外開放度、外資投資率、政府投入、財政政策、貨幣政策、外匯儲備、國內消費者指數、利率差、淨對外資產、廣義貨幣供應量 M2 等經濟變量。

綜上，基於匯率均衡理論、外匯干預理論、其他學者的研究成果，同時考慮數據的可得性及中國國內的實際情況，本章選取變量如下：

1. 中國的外匯管理

考慮到人民幣匯率採用的是有管理的浮動匯率製度，匯率製度的管理主要體現在貨幣當局中國人民銀行的外匯干預，從第五章的論證中可以看到，外匯

---

[1] 張曉樸.人民幣均衡匯率研究 [M].北京：中國金融出版社，2001.
[2] 施建淮，餘海豐.人民幣均衡匯率與匯率失調：1991—2004 [J].經濟研究，2005（4）.
[3] 張露.基於 ERER 理論的人民幣均衡匯率實證研究 [J].經濟論壇，2009，16.
[4] 周陽，原雪梅，範躍進.事實匯率機制名義錨與匯率製度彈性檢驗——基於人民幣匯率數據的國際比較分析 [J].經濟學家，2012（8）.
[5] 孫國峰，孫碧波.人民幣均衡匯率測算：基於 DSGE 模型的實證研究 [J].金融研究，2013（8）.
[6] 孫章杰，傅強.基於狀態空間模型的人民幣均衡匯率研究 [J].管理工程學報，2014，28（4）.

干預對匯率水平的變化以及波動的抑制是有效的，因此參數部分選擇的變量有外匯干預量 Int_t。

2. 對外的貿易結構

中國是一個出口大國，長期以來，出口貿易總額大於進口貿易總額。對外貿易與匯率水平密不可分，貿易收支與匯率之間在理論上應該存在均衡關係，匯率的上升或下降可能會影響一國的對外貿易結構狀況。貿易順差是指一國在一個年度內出口貿易總額大於進口貿易總額，兩者的差額。中國近年來的貿易順差增長迅速，貿易順差可以促進經濟的增長，也可以增加外匯儲備量，有利於經濟平衡和人民幣匯率的穩定。但同時貿易順差也是人民幣持續升值的主要原因，也是人民幣升值的壓力所在。因此研究人民幣匯率的行為特徵，需要選擇變量貿易順差額 Ts_t，以探討兩者之間的關係。

3. 兩種貨幣的利差

根據利率平價理論，存在資本流動的情況下，利率高的國家其貨幣遠期匯率會趨於下降，而利率低的國家其貨幣遠期匯率將趨於上升。遠期匯率上升幅度應該等於兩國貨幣的利率差，否則會出現套利機會。人民幣匯改之後，外匯管制越來越放鬆，資本流動也越來越大。匯率作為兩國的貨幣價格的比率，兩國貨幣的利率與匯率的變化密切相關。所以參數部分選擇的變量有人民幣與美元的利率差 I_t。

4. 國內的價格變化

中國人民銀行作為貨幣的發行銀行，有義務保障貨幣的幣值穩定。貨幣的對內價值體現為物價水平，對外價值表現為匯率水平。根據一價定律，貨幣的對內價值物價水平會決定貨幣的對外價值匯率水平；反之匯率水平的變動也會影響國內物價水平。人民幣匯改之後，匯率的波動日益增加，匯率與物價水平的聯繫日益密切。因此，參數部分選擇的變量有國內物價水平 CPI。

貨幣供應量包括央行和其他金融機構所提供的存款貨幣和現金貨幣，廣義的貨幣供應量 M2 包括現金、存款以及證券公司客戶保證金等。一國的貨幣供應量與國內的物價水平及對外的匯率水平都有密不可分的關係。因此，參數部分選擇的變量有貨幣供應量 M2。

非參數部分考慮匯率的波動及其滯後項。

5. 匯率水平

匯率水平為模型的被解釋變量，而匯率的波動及其滯後項作為非參數部分的變量。滯後性可以描述匯率波動的動態變化，反應一些隨機擾動對匯率系統

的動態影響。匯率水平的數據來自中國人民銀行網站，取月度數據。匯率波動序列為匯率水平序列取對數後的一階差分。

綜上，半參數估計模型的被解釋變量為匯率中間價 X_t，解釋變量有外匯干預量 Int_t，貿易順差額 Ts_t，利率差 I_t，物價水平 CPI_t，貨幣供應量 $M2_t$，匯率波動 ΔX_t 及其滯後項。以上解釋變量是否對匯率水平有顯著影響，還需在下一節進一步驗證。匯率波動滯後項的滯後階數由模型的非參數方法決定。

6.4 人民幣匯率的趨勢與波動綜合分析模型實證

6.4.1 人民幣匯率及影響變量的數據分析

根據數據的可得性條件，本章全部採用月度數據。被解釋變量為匯率中間價 X_t，解釋變量包括外匯干預量 Int_t，貿易順差額 Ts_t，利率差 I_t，物價指數 CPI_t，貨幣供應量 $M2_t$，匯率波動 ΔX_t 及其滯後項，滯後階數由模型的非參數方法決定。樣本從 2007 年 1 月至 2013 年 12 月，共 84 個。數據來自中國人民銀行網站、外匯管理局網站、中國商務部網站、國家統計局網站等，取月度數據。首先給出各變量的原始數據序列圖（圖 6-1 至圖 6-6）。由於可得的數據是月度數據，本章不再區分子樣本。

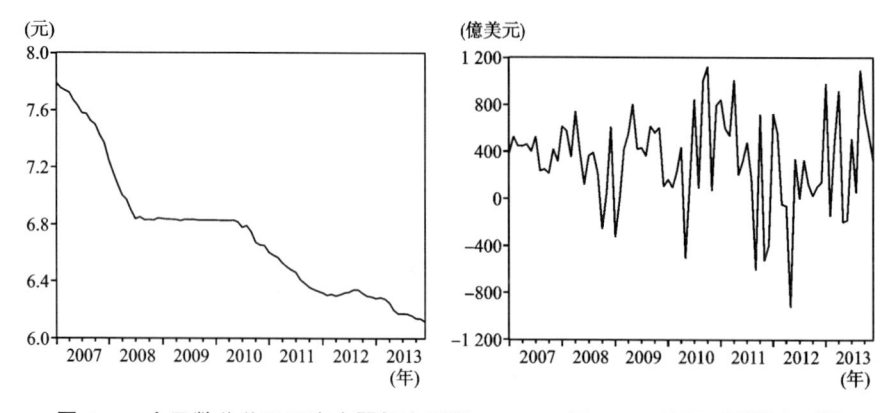

圖 6-1　人民幣兌美元匯率中間價序列圖　　圖 6-2　外匯干預量序列圖

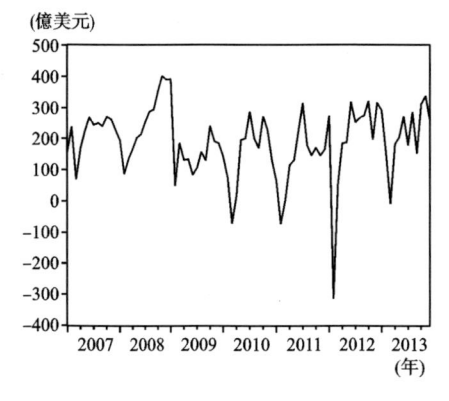

圖 6-3　貿易順差序列圖　　　　　　　圖 6-4　中美兩國貨幣利率差序列圖

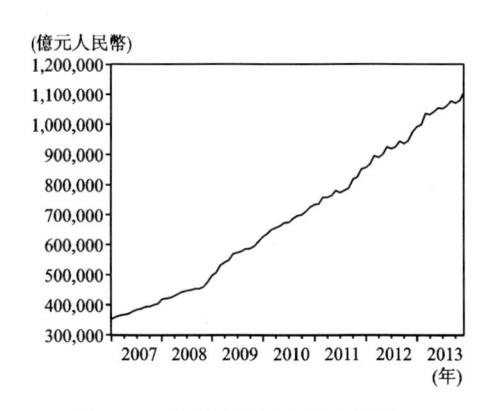

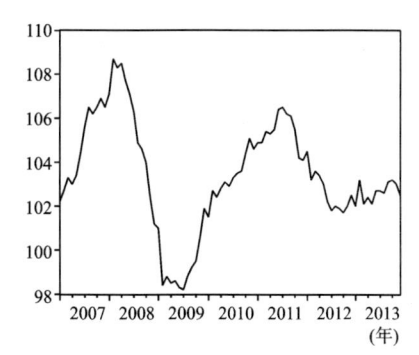

圖 6-5　廣義貨幣供應量序列圖　　　　圖 6-6　國內物價指數序列圖

根據以上變量的序列圖，可以看出匯率價格序列呈下降趨勢，其中，2008—2010年由於金融危機影響，下降趨勢減緩，2010年後又繼續穩步下降，說明人民幣相對美元在持續升值。外匯干預量序列呈顯著的波動狀態，尤其是近幾年，外匯干預的幅度和頻率都在顯著增加。貿易順差額序列的變動幅度與外匯干預量序列類似，說明這兩個變量有一定的相關性，具體相關程度還需進一步檢驗。中美兩國貨幣的利率差在2008年後基本穩定在0的附近，說明兩種貨幣的利差很低，也就減少了套利和投機行為的發生。廣義貨幣供應量序列呈持續上升狀態。國內物價指數波動較大，在2008年年初達到最高值，2008年一年間迅速下降至最低點，2009年下半年才開始緩慢回升，2011年再度達到一個峰值，此後再次回落，近兩年處於穩定狀態。以上為各變量的原始數據序列圖，用於觀察變量的走勢，但由於計量單位不一致，不能直接用於模型估計。

由於各經濟變量的計量單位不一致，為了估計效果，先將所有變量作對數

處理。匯率水平 X_t 用人民幣兌美元匯率中間價取自然對數得到；外匯干預量 Int_t 為外匯儲備月度數據取自然對數；貿易順差額 Ts_t 為進口額與出口額分別取自然對數後再作差；人民幣利率採用中國人民銀行公布的活期利率 i_t^c，美元利率採用美聯儲公布的聯邦基金利率 i_t^U，兩種貨幣的利率差記作利率差 I_t；物價指數 CPI_t 直接取國家統計局公布的月度物價指數值；貨幣供應量 $M2_t$ 為中國人民銀行公布的廣義貨幣供應量，取自然對數，記為 $M2_t$；匯率波動序列 ΔX_t 為匯率價格水平序列取自然對數後再做一階差分，得匯率波動序列 $\Delta S_t = X_t - X_{t-1}$。

首先對所有的變量序列進行描述性統計檢驗，如表 6-1 所示。

表 6-1　　　　　　　　各變量序列的描述性統計

序列	均值	標準差	最大值	最小值	峰度	偏度	J-B 值
匯率中間價 X_t	6.732,3	0.452,1	7.789,8	6.116,0	2.805,5	0.752,7	8.064,9 (0.017,7)

序列	均值	標準差	最大值	最小值	峰度	偏度	J-B 值
外匯干預 Int_t	10.093,6	0.340,8	10.550,9	9.309,9	2.166,3	-0.574,2	7.047,9 (0.029,5)
貿易順差額 Ts_t	0.158,6	0.107,9	0.566,3	-0.243,0	6.792,0	0.223,2	51.024,4 (0.000,0)
利率差 I_t	-0.607,9	1.635,7	0.430,0	-4.54	3.995,0	-1.626,4	40.497,8 (0.000,0)
物價指數 CPI_t	103.429,8	2.470,5	108.7	98.2	2.784,8	-0.135,0	0.417,3 (0.811,7)
貨幣供應量 $M2_t$	13.379,3	0.351,9	13.916,7	12.770,0	1.731,5	-0.170,3	6.038,2 (0.048,8)
匯率波動 ΔS_t	-0.002,9	0.003,8	0.002,7	-0.016,4	4.094,0	-1.146,3	22.585,7 (0.000,0)

由表 6-1 可以看出匯率中間價 X_t，外匯干預 Int_t，貿易順差額 Ts_t，利率差 I_t，貨幣供應量 $M2_t$，匯率波動 ΔS_t 的峰度都大於 3，J-B 統計量大於 χ^2 分布 95% 置信水平的臨界值，伴隨概率值小於 0.05，說明以上序列有非正態特徵，呈「尖峰厚尾」性態。厚尾性越明顯說明狀態持續越長，匯率的歷史信息對未來的匯率預測很重要。因此，用常規的參數模型、線性模型都不能很好地估計匯率變化，所以本章採用半參數模型來估計匯率行為。

接下來對所有的變量序列進行單位根檢驗，以判斷序列是否平穩，若不平穩，則將序列進行差分後再檢驗。本書採用 ADF 檢驗。檢驗結果如表 6-2 所示。

表 6-2　　　　　　　　　　　序列平穩性檢驗

序列	ADF 統計量	p 值	是否平穩
外匯干預量 Int_t	−4.834,1	0.000,1	平穩
貿易順差額 Ts_t	−5.154,7	0.000,0	平穩
利率差 I_t	−3.776,7	0.004,6	平穩
物價指數 CPI_t	−3.106,7	0.030,4	平穩
貨幣供應量 $M2_t$	−1.276,0	0.637,4	不平穩
$\Delta M2_t$	−4.626,8	0.000,3	平穩
匯率波動 ΔS_t	−5.070,8	0.000,4	平穩

其中貨幣供應量序列 $M2_t$ 經 ADF 檢驗是不平穩的，因此將貨幣供應量序列進行差分處理，$\Delta M2_t = M2_t - M2_{t-1}$，對差分後的序列再進行 ADF 檢驗就是平穩的。其餘變量的序列由於已經經過對數、差分的處理，都通過了單位根檢驗，序列都是平穩的。

6.4.2　人民幣匯率的半參數估計分析

根據第三章匯率行為特徵的檢驗和描述，匯率價格呈現非正態性、長記憶性和波動聚集性的非線性特徵，因此對匯率行為的研究不能採用線性模型和參數模型，所以本章用半參數模型來估計和預測匯率行為。半參數模型的參數部分可以給出匯率價格與解釋變量之間的顯式關係，用以體現人民幣匯率的管理行為，非參數部分可以把握匯率水平序列的波動變化，用以體現人民幣匯率的浮動特徵。

半參數線性迴歸模型如下：

$$Y_i = \beta_1 Z_1 + \beta_2 Z_2 + \beta_3 Z_3 + \beta_4 Z_4 + \beta_5 Z_5 + g(W_i) + u_i \qquad (6-14)$$

其中 $Y_t = \Delta S_t$，$Z_1 = Int_t$，$Z_2 = Ts_t$，$Z_3 = I_t$，$Z_4 = CPI_t$，$Z_5 = \Delta M2_t$，$\beta = (\beta_1, \cdots, \beta_5)$ 是未知參數向量；$g(\cdot)$ 是未知函數；u_i 是隨機誤差序列。$W_i = (W_{1i}, \cdots, W_{ki})$ 為 ΔS_t 的各階滯後項，本章依次選擇 1 階至 5 階滯後項 $\Delta S_{t-1}, \cdots, \Delta S_{t-5}$，由模型篩選出合適的變量，比較估計效果，再選擇最優模型。

對半參數模型採用二階段估計法，利用最小二乘-核估計法估計匯率行為，分析估計效果，確定估計模型。

半參數模型估計的最小二乘-核估計法，外準則採用最小偏差準則，用 KnowledgeMiner 軟件結合 MATLAB 編程完成。

實證結果如下：

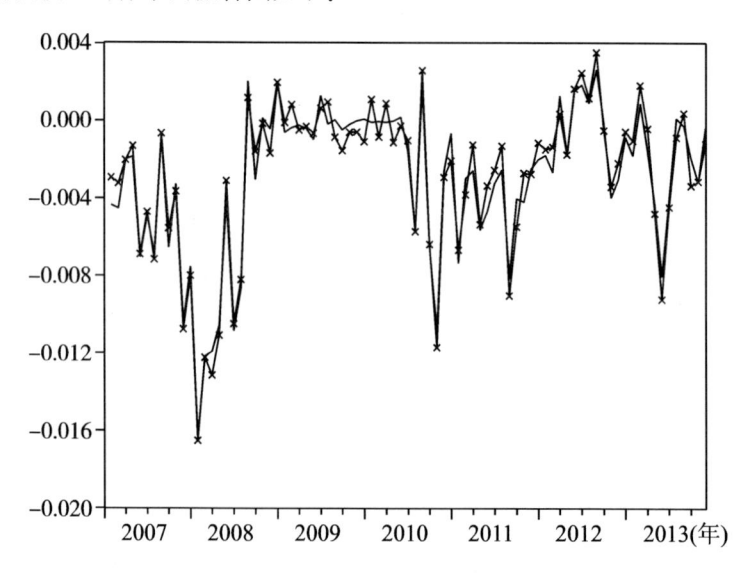

半參數模型估計的最小二乘-核估計結果：

$\hat{Y}_t = 0.003,818Z_1 + 0.003,257Z_2 + 0.000,331Z_3 - 0.001,022Z_4 + 0.001,282Z_5 + g(W_t, W_{t-1})$

　　　　　(4.473,9)　　(2.626,3)　　(3.010,6)　　(3.647,7)　　(2.715,3)

(6-15)

$R^2 = 0.528,3$，（圓括號內的數據表示相應參數的 t 統計量）

　　從模型的經濟意義角度來看，外匯干預對匯率水平的影響為正，外匯干預是外匯儲備量的對數值，當外匯儲備增加時，匯率水平增加；貿易順差對外匯水平的影響為正，貿易順差是進口總額與出口總額之差的對數，當順差增加時，匯率水平增加；利率差對匯率水平的影響為正，利率差是兩國貨幣的利率之差，當利率差增加時，匯率水平增加；物價指數對匯率水平的影響為負，物價指數是國內居民消費價格指數，當物價指數增加時，匯率水平減少，即物價指數對匯率水平是反向影響；貨幣供應量對匯率水平的影響為正，貨幣供應量是廣義貨幣供應量對數之後的差分值，即供應量的變化率，當貨幣供應量的變化率增加時，匯率水平增加。半參數模型的參數部分各變量的系數符號與實際是一致的，說明選擇的變量是有效的。模型根據數據篩選出非參數部分的變量為匯率波動及其一階滯後項，說明匯率波動與匯率水平之間存在相互作用和影響。

　　從模型的統計意義來看，各個變量的參數均通過置信度為 5% 的顯著性檢驗，說明半參數模型整體顯著。各個解釋變量對被解釋變量匯率水平均是顯著有效的。

　　各個模型的樣本內擬合圖如下：

圖 6-7　最小二乘-核估計的匯率收益率估計圖

從擬合圖可以看出，模型的樣本內擬合效果較好。為了準確比較模型的擬合優劣，現選擇幾個常用的誤差評價標準：

平均絕對誤差：

$$MAE = \frac{1}{n} \sum_{i=1}^{n} |y_i - \hat{y}_i| \qquad (6-16)$$

平均絕對誤差 MAE 是觀測值與估計值的偏差取了絕對值再平均，每一項都是正值。因此平均絕對誤差 MAE 的值可以精確地顯示估計精度，其值越小，說明擬合效果越好。

平均相對誤差：

$$MAPE = \frac{1}{n} \sum_{i=1}^{n} \left|\frac{y_i - \hat{y}_i}{\hat{y}_i}\right| \qquad (6-17)$$

平均相對誤差 $MAPE$ 表示觀測值與估計值的偏差所占估計值的比率，即偏誤率，當樣本數不同或樣本單位不同時，平均相對誤差 $MAPE$ 的值能夠真實地顯示估計精度，其值越小，說明擬合效果越好。

標準差：

$$RMSE = \sqrt{\frac{1}{n} \sum_{i=1}^{n} (y_i - \hat{y}_i)^2} \qquad (6-18)$$

標準差 $RMSE$ 表示估計值偏離觀測值的根均方誤差，又叫均方根誤差，因為是平方和之後再開方的，將誤差進行了放大，使微小的誤差變動變得更敏感。標準差 $RMSE$ 的值能夠準確地顯示估計精度，其值越小，說明擬合效果越好，在匯率估計和預測研究中，標準差 $RMSE$ 使用更多。

對上述半參數模型的擬合值和觀測值分別計算平均絕對誤差 MAE、平均相對誤差 $MAPE$、標準差 $RMSE$，同時為了比較模型的擬合效果，選擇第四章的非參數模型（GMDH 模型、k-近鄰 GMDH 模型）、均衡匯率模型（半參數模型（6-14）的參數部分）作為參照模型，

均衡匯率模型：

$$Y_i = \beta_1 Z_1 + \beta_2 Z_2 + \beta_3 Z_3 + \beta_4 Z_4 + \beta_5 Z_5 + u_i \qquad (6-19)$$

其中 $Y_t = \Delta S_t$，$Z_1 = Int_t$，$Z_2 = Ts_t$，$Z_3 = I_t$，$Z_4 = CPI_t$，$Z_5 = \Delta M2_t$，$\beta = (\beta_1, \cdots, \beta_5)$ 是未知參數向量，u_i 是隨機誤差序列。

結果如表 6-3 所示。

表 6-3　　　　　　　　半參數模型的樣本內估計誤差比較

模型	誤差評價標準		
	MAE	MAPE	RMSE
GMDH 算法	0.005,72	1.038,29	0.001,61
k 近鄰-GMDH 算法	0.002,19	0.721,71	0.001,24
均衡匯率模型	0.023,11	-1.281,19	0.074,22
半參數模型	0.007,69	0.544,23	0.008,57

平均絕對誤差 MAE、平均相對誤差 MAPE、標準差 RMSE 用來比較各個模型樣本內的預測能力，誤差值越小，擬合效果越好。根據估計結果，四種匯率模型中，非參數模型的誤差值最小，其次是半參數模型，非參數模型的擬合效果較半參數模型更好，而半參數模型的擬合效果則優於均衡匯率模型。

接下來，用半參數模型對人民幣兌美元匯率的收益率進行樣本外的預測，以判斷預測能力和效果。數據取 2014 年 1 月至 2014 年 6 月共 6 個數據，預測效果的評價標準仍然採用平均絕對誤差 MAE、平均相對誤差 MAPE、標準差 RMSE 三個指標。

表 6-4　　　　　　　　半參數模型的樣本外預測誤差比較

模型	誤差評價標準		
	MAE	MAPE	RMSE
GMDH 算法	0.010,84	1.287,38	0.013,25
k 近鄰-GMDH 算法	0.010,28	1.026,86	0.010,76
均衡匯率模型	0.059,27	-1.492,01	0.096,73
半參數模型	0.008,26	1.412,90	0.010,11

四個匯率模型的樣本外估計誤差相比，半參數模型的樣本外預測誤差最小，說明半參數模型向外的預測能力較其他模型最優。同時半參數模型能夠對匯率系統進行結構分析，根據模型可以得知影響匯率水平變化的因素有外匯干預、貿易順差、利率差、物價指數、貨幣供應量以及匯率波動。

為了討論最小二乘-核估計模型的穩健性，引入異常點 $y_{10} = 5y_{10}$，$y_{20} = 6y_{20}$，$y_{30} = 5 + y_{30}$，$y_{40} = 10y_{40}$，$y_{50} = 10 + y_{50}$。再次預測後，比較以上四種模型的樣本外預測效果。結果如表 6-5 所示。

表 6-5　　　　　　　　半參數模型的樣本外預測誤差比較

模型	誤差評價標準		
	MAE	MAPE	RMSE
GMDH 算法	0.018,61	1.305,24	0.013,51
k 近鄰-GMDH 算法	0.011,36	1.066,49	0.013,06
均衡匯率模型	0.096,36	-2.016,34	0.106,46
半參數模型	0.008,49	1.413,16	0.012,60

結果顯示，加入異常點後，四個模型的偏誤都有所增加，但半參數模型的偏誤仍然最小，說明半參數模型最小二乘-核估計法模型的穩健性較好。

接下來將最小二乘-核估計的匯率收益率擬合值換算為匯率價格，與實際的觀測值相比較。

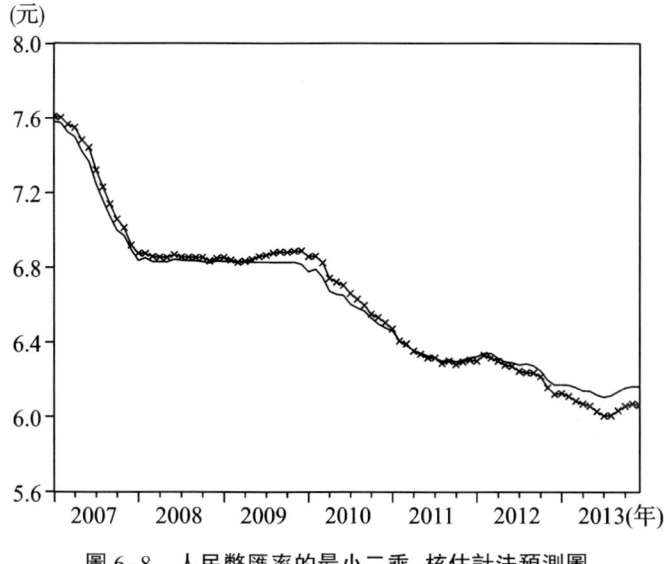

圖 6-8　人民幣匯率的最小二乘-核估計法預測圖

利用最小二乘-核估計模型擬合的人民幣兌美元匯率水平，可以很好地反應匯率價格的走勢。圖6-8最後的末梢為預測值，可以看出預測值與實際值有一定的偏差。而匯率收益率的預測效果卻很好，究其原因是將收益率換算為匯率價格時，造成的誤差累計所致，同時由於匯率價格是月度數據，取一個月的交易價格的均值，因此預測時效果有所影響。

6.5　本章小結

　　本章基於前幾章的理論研究和檢驗分析，對人民幣兌美元匯率構建了最小二乘-核估計的半參數模型進行匯率趨勢與波動的綜合分析。中國實行有管理的浮動匯率製度，在分析人民幣匯率趨勢與波動變化時，既要考慮管理因素即外匯干預，又要考慮基於市場供求的自由浮動。所以本章選擇半參數模型，結合了參數部分和非參數部分，正好切合匯率制度管理和浮動的特點。

　　根據匯率均衡理論和外匯干預理論，參數部分選擇影響匯率變動的經濟變量：外匯干預量、貿易順差額、人民幣和美元的利率差、國內的物價指數、廣義貨幣發行量。非參數部分選擇匯率波動序列及其滯後項，反應匯率系統自身的特點。將樣本數據預處理後代入半參數模型進行實證分析，結果顯示半參數模型能很好地擬合匯率收益率，再對模型進行樣本外的預測，預測效果相比非參數模型更好。

　　此模型能對影響匯率趨勢的經濟變量進行結構分析：外匯干預量、貿易順差額、人民幣和美元的利率差、國內的物價指數、廣義貨幣發行量都對匯率收益率有顯著的影響，其中外匯干預量、貿易順差額、人民幣和美元的利率差、廣義貨幣發行量是正向影響，國內的物價指數是反向影響。這說明人民幣兌美元匯率確實受到國內國外一些因素的影響，其中外匯干預是有顯著的正向影響，驗證了人民幣匯率的管理機制。非參數部分為匯率波動序列及其一階滯後項，加入了匯率波動是對參數部分的補充和完善，對匯率收益率的擬合和預測更有效。

　　最小二乘-核估計的半參數模型可以分析匯率變化的影響因素及匯率波動與趨勢之間的關聯性，更有效地分析人民幣匯率的趨勢與波動。

7 總結與展望

7.1 全書總結

近年來,中國經濟迅速發展,在國際上佔有重要的一席之地。人民幣匯率作為聯繫中國與國際社會交易的重要紐帶,起著至關重要的作用。2005 年 7 月中國人民銀行啓動匯率改革,宣布人民幣採用以市場供求為基礎、參考一籃子貨幣進行調節的有管理的浮動匯率製度。這使得匯改後的人民幣持續升值,人民幣匯率能更有效地反應市場供求狀況,但同時也導致人民幣匯率的波動。在日益複雜的金融環境下,若能準確把握人民幣匯率的趨勢和波動,有助於貨幣當局制定和調整匯率政策、利率政策及外匯干預策略和措施,有助於降低國家、企業及個人等在對外經濟活動中跨境資金流動的風險。

本書構建了非參數模型、半參數模型研究了管理浮動匯率製度下的人民幣匯率趨勢和波動。首先討論了匯率序列的非線性特徵并進行了驗證;針對非線性的匯率序列,採用非參數估計方法 k 近鄰-GMDH 算法研究人民幣匯率的趨勢并進行預測;分析了中國的外匯干預,用 GARCH 模型實證檢驗了外匯干預的有效性,并研究了匯率波動的變化。最後,根據匯率均衡理論、外匯干預理論以及匯率時間序列的特徵,構造最小二乘-核估計的半參數模型來綜合分析匯率的趨勢與波動變化。主要工作總結如下:

(1)梳理了匯率理論、匯率製度及均衡匯率理論的研究發展,介紹人民幣匯率製度的發展沿革及人民幣匯率的研究現狀,確定本書的研究思路和主要內容;利用非參數半參數估計方法來研究人民幣匯率的趨勢和波動,并進行預測。

(2)研究了人民幣兌美元匯率水平序列和波動序列的非線性特徵,包括非正態性、長記憶性、波動的聚集性。本書採用 J-B 統計量來檢驗非正態性,

结果显示汇率水平序列和汇率波动序列具有显著的非正态性，汇率序列不服从正态分布，且都呈「尖峰厚尾」性态。说明状态持续越长，汇率的历史信息对未来的汇率预测就越重要。对汇率波动序列分别用 R/S 检验方法和修正的 R/S 检验方法检验长记忆性，结果显示汇率波动序列具有正相关性，由此判断该序列具有长记忆性特征，传统金融理论的有效市场理论和布朗运动将不再成立。汇率之前的价格或波动对其将来的价格或波动有持续性的影响。对人民币兑美元汇率波动进行波动聚集性检验，结果显示序列存在 GARCH 效应，残差存在异方差，波动序列存在波动的聚集性，大幅波动之后会接著大幅波动，小幅波动之后则跟著小幅波动，汇率波动序列的方差有一定的自相关性。同时利用 TGARCH 模型检验，波动序列不存在非对称性效应，即波动没有杠杆效应。

（3）基于汇率序列复杂的非线性特征，构建了非参数模型对人民币汇率的趋势进行分析，非参数估计方法选取了 GMDH 算法和 k 近邻-GMDH 算法。GMDH 估计方法是分析复杂非线性系统的有效工具，根据序列本身来决定输入变量和模型结构，预测性能好。k 近邻-GMDH 算法是将 K-G 多项式以及估计参数的最小二乘法改为 k-近邻估计，避免最小二乘法的假定条件，尽可能地减少人为设定偏误，最大限度地体现汇率序列的非线性特征。通过数学推理证明，改进模型性能更优，能更有效地分析人民币汇率的趋势。实证数据分别取 2008 年金融危机之前的一段时间以及 2010 年金融危机之后的一段时间的人民币兑美元汇率、人民币兑日元汇率、人民币兑欧元汇率的日数据。经实证检验，改进的模型能有效反应人民币汇率的非线性特征和趋势。

（4）利用 GARCH 模型来描述人民币兑美元汇率的波动。分别采用了 GARCH(1,1)，GARCH(2,1)，GARCH(1,2) 和 GARCH(2,2) 模型，以及高阶 GARCH 模型来估计汇率波动。其中高阶 GARCH 模型是利用 GMDH 算法根据样本数据自动选择 GARCH 模型的阶数与参数。实证分析人民币兑美元汇率的日数据，分别取 2005—2008 年汇改初期、2008—2010 年金融危机期间、2010—2013 年持续汇改时期三组样本。结果表明，各阶的 GARCH 模型都能很好地描述汇率的波动情况，均验证了收益率具有尖峰厚尾的特征，波动具有集群性和持续性。比较各个 GARCH 模型系数的显著性、模型的 AIC 值以及 95% 置信水平下的 VaR 值，基于 GMDH 算法的 GARCH 模型更能精确全面地描述汇率的波动。

（5）引入外汇干预变量改进 GARCH 模型，分析人民币汇率的波动及外汇干预对汇率波动的影响。人民币管理浮动汇率制度的管理体现在中国央行根据国际收支的平衡状态采取外行干预手段调节汇率的浮动幅度，可以有效地应对

國際國內金融市場的異動，防止匯率出現大幅度的波動。採集 2005—2014 年的人民幣外匯干預數據，利用 GARCH 模型實證分析了人民幣匯率市場外匯干預的抑制效應。結果發現均值方程中，外匯干預變量的系數顯著為負，說明匯率的變動方向與干預的方向一致。外匯干預一定程度上可以降低人民幣的升值幅度，但不能完全抑制人民幣的升值。方差方程中，外匯干預的系數顯著為負，說明外匯干預會減少匯率的波動，對波動起到熨平的效應。針對人民幣快速升值模式、金融危機模式、人民幣貶值模式三種不同情景，進行情景仿真分析，結果顯示模型很好地擬合了外匯干預下的匯率波動。人民幣匯率市場的外匯干預對匯率水平的影響和匯率波動的熨平是有效的干預。

（6）構建半參數模型綜合分析人民幣匯率的趨勢與波動。根據匯率均衡理論和外匯干預理論，利用計量分析的方法構造最小二乘-核估計的半參數模型分析管理浮動製度下的人民幣匯率。半參數模型的參數部分選擇對匯率有影響的經濟變量，非參數部分選擇匯率波動序列及其滯後項。這一模型融合了匯率趨勢與波動的信息，不僅可以分析人民幣匯率的趨勢變化和波動變化，還能反應趨勢與波動兩者之間的相互影響與作用，綜合反應人民幣匯率趨勢與波動的變化規律。實證結果表明，根據此模型可以對影響匯率趨勢的經濟變量進行結構分析：外匯干預量、貿易順差額、人民幣和美元的利率差、廣義貨幣發行量對匯率趨勢是正向影響，國內的物價指數是反向影響，說明人民幣兌美元匯率確實受到國內國外一些因素的影響，其中外匯干預是有顯著的正向影響，驗證了人民幣匯率的管理機制。半參數模型融合了匯率的趨勢與波動的綜合信息，提高了模型估計精度，預測效果優於非參數方法。模型可以分析匯率變化的影響因素，及匯率波動與趨勢之間的關聯性，能更有效地分析人民幣匯率的趨勢與波動。

7.2　今後工作展望

（1）隨著全球經濟一體化的趨勢不斷增強，匯率作為聯繫各國經濟發展的紐帶，其作用也日益增強。匯率研究是一個值得長期關注的課題，隨著匯率理論的完善，時間序列分析方法的發展，計量經濟手段的提高，數學建模能力的加強，匯率預測能力也會隨之增強。因此關於人民幣匯率還有很多值得研究和探討的領域。

（2）關於外匯干預，目前美國、日本公開了貨幣當局對匯率的外匯干預

數據，包括干預手段、干預量、干預頻率等，但是中國尚未對外公布干預量、干預頻率等數據，因此對外匯干預的研究只能選擇外匯儲備量作為替代變量，選擇事件分析法或仿真方法來分析和驗證外匯干預的有效性。今後可以進一步研究外匯干預的成本、收益、聯合干預等，利用更高頻數據來實證分析中國外匯干預對人民幣匯率的影響作用。

（3）2012 年 9 月，人民幣期貨在香港交易所登錄交易；2015 年 11 月 30 日，國際貨幣基金組織正式宣布人民幣 2016 年 10 月 1 日加入 SDR（特別提款權）。這些因素都對境內的人民幣匯率變化有影響，因此，今後可以考慮在人民幣匯率模型中加入離岸人民幣匯率以及特別提款權等因素，使匯率模型更全面更準確。

（4）管理浮動匯率製度是固定匯率製度向浮動匯率製度過渡的中間狀態，關於管理浮動匯率製度下的匯率研究較少，主要偏重於對匯率的預測，而缺少對匯率市場與其他金融市場聯動性的研究，因此後續工作將研究匯率與其他金融產品的聯動機制。

參考文獻

[1] 白曉燕,唐晶星. 匯改後人民幣匯率形成機制的動態演進 [J]. 國際金融研究, 2013 (7): 40-50.

[2] 卜永祥. 人民幣升值壓力與貨幣政策: 基於貨幣模型的實證分析 [J]. 經濟研究, 2008 (9): 58-69.

[3] 柴根象. 相依樣本分布函數、迴歸函數的非參數估計的強相合性 [J]. 系統科學與數學, 1988, 8 (3): 281-288.

[4] 陳浪南,黃洵. 聯合外匯干預的實證研究 [J]. 經濟研究, 2004 (5): 58-66.

[5] 陳平,李凱.「適應性學習」下人民幣匯率的貨幣模型 [J]. 經濟評論, 2010 (3): 48-56.

[6] 丁士俊,陶本藻. 自然樣條半參數模型與系統誤差估計 [J]. 武漢大學學報: 信息科學版, 2004 (29): 964-967.

[7] 刁鋒. 中國外匯市場干預資產組合渠道有效性實證檢驗 [J]. 南開經濟研究, 2002 (3): 31-35.

[8] 竇祥勝. 西方均衡匯率理論述評 [J]. 經濟評論, 2006 (5): 147-152.

[9] 傅強,姚孝雲. 人民幣均衡匯率及失調分析 [J]. 金融與經濟, 2012 (8): 16-20.

[10] 干杏娣,楊金梅,張軍. 中國央行外匯干預有效性的事件分析研究 [J]. 金融研究, 2007, 327 (9): 82-89.

[11] 高集體. 一類半參數迴歸模型中估計的相合性 (I) [J]. 系統科學與數學, 1992 (3): 269-272.

[12] 桂詠評. 中國外匯干預有效性的協整分析: 資產組合平衡渠道 [J]. 世界經濟, 2008 (1): 13-22.

[13] 韓峰,謝赤,孫柏. 基於 IV-GARCH 模型的外匯干預有效性實證研

究. 金融研究, 2010 (6): 71-85.

[14] 賀昌政, 呂建平. 自組織數據挖掘理論與經濟系統的複雜性研究 [J]. 系統工程理論與實踐, 2001 (12): 26-42.

[15] 洪聖岩. 一類半參數迴歸模型的估計理論 [J]. 中國科學, 1991 (12): 1258-1272.

[16] 黃凱. 半參數模型精度研究 [J]. 測繪工程, 2013, 22 (3): 12-15.

[17] 黃梅波, 王珊珊. 人民幣事實匯率製度研究: 基於籃子貨幣權重的經驗分析 [J]. 世界經濟研究, 2013 (9): 37-88.

[18] 惠曉峰, 柳鴻生, 胡偉, 等. 基於時間序列 GARCH 模型的人民幣匯率預測 [J]. 金融研究, 2003 (5): 99-105.

[19] 姜波克, 陸前進. 匯率理論和政策研究 [M]. 上海: 復旦大學出版社, 2000: 27-53.

[20] 姜波克, 楊長江. 國際金融學 [M]. 2 版. 北京: 高等教育出版社, 2004: 23-59.

[21] 李成剛, 田益祥, 何繼銳. AC 算法的 EMD 分解 GMDH 組合的預測模型及應用 [J]. 系統管理學報, 2012, 21 (1): 105-110.

[22] 李富國, 任鑫. 中國貨幣替代模型實證研究 [J]. 金融研究, 2005 (11): 46-55.

[23] 李婧. 人民幣匯率製度與人民幣國際化 [J]. 上海財經大學學報: 哲學社會科學版, 2009, 11 (2): 76-83.

[24] 李秋敏, 田益祥, 張高勛. 基於 GMDH 的 LSSVM 預測模型及其實證 [J]. 數學的實踐與認識, 2013, 43 (6): 62-68.

[25] 李雙久, 楊敏. 人民幣匯率失衡程度的測度 [J]. 經濟縱橫, 2011 (12): 99-102.

[26] 李天棟. 基本要素均衡匯率的邏輯結構與悖論——基於匯率槓桿屬性對 FEER 的超越 [J]. 國際金融研究, 2006 (10): 49-54.

[27] 李曉峰, 徐玖平, 賀昌政. 四川省宏觀經濟發展的自組織模型 [J]. 四川大學學報 (自然科學版), 2003 (12): 52-59.

[28] 李子奈, 葉阿忠. 非參數計量經濟聯立模型的局部線性工具為量估計 [J]. 清華大學學報: 自然科學版, 2002, 42 (6): 714-714.

[29] 劉柏, 張艾蓮. 完善人民幣匯率形成機制的製度選擇 [J]. 經濟縱橫, 2013 (8): 94-97.

[30] 劉光中, 等. 自組織方法中準則的抗干擾性 [J]. 系統工程理論與實

踐,1995(11):59-71.

[31] 劉紹保.人民幣匯率與貨幣替代關係的實證研究——基於1997Q4～2007Q1中國的實際數據[J].國際金融研究,2008(1):70-74.

[32] 齊琦部.論中國匯率製度的選擇[J].金融研究,2004,284(2):30-43.

[33] 秦鳳鳴,卞迎新.貨幣政策衝擊、外匯干預與匯率變動的同期與動態關聯研究[J].經濟理論與經濟管理,2013(3):64-76.

[34] 錢偉民,柴根象,等.半參數迴歸模型的誤差方差的小波估計[J].數學年刊:中文版,2000,21(3):341-350.

[35] 邵彩虹,王曉丹.基本面因素與人民幣匯率的協整和方差分析——基於行為均衡匯率理論[J].經濟問題,2012(6):100-103.

[36] 施建淮,餘海豐.人民幣均衡匯率與匯率失調:1991—2004[J].經濟研究,2005(4):34-45.

[37] 施建淮.匯率經濟學研究[M].北京:中國社會科學出版社,2010:44-90.

[38] 蘇岩,楊振海.GARCH(1,1)模型及其在匯率條件波動預測中的應用[J].數理統計與管理,2007,26(4):615-620.

[39] 孫國峰,孫碧波.人民幣均衡匯率測算:基於DSGE模型的實證研究[J].金融研究,2013(8):70-83.

[40] 孫映宏,曹顯兵.基於GARCH模型的中美匯率實證分析[J].數學的實踐與認識,2012,42(20):223-228.

[41] 孫章杰,傅強.基於狀態空間模型的人民幣均衡匯率研究[J].管理工程學報,2014,28(4):112-117.

[42] 孫柏,謝赤.金融危機背景下的人民幣匯率預測[J].系統工程理論與實踐,2009,29(12):53-64.

[43] 孫茂輝.人民幣自然均衡實際匯率:1978—2004[J].經濟研究,2006(11):92-101.

[44] 田益祥,等.GMDH調和算法預測模型及應用[J].數量經濟技術經濟研究,2000(10):64-71.

[45] 田益祥,譚地軍.基於局部線性核估計的GMDH建模及預測[J].系統工程學報,2008,23(1):9-15.

[46] 王霞.中國中央銀行外匯干預有效性的事件分析研究[J].華東經濟管理,2013(5):77-81.

[47] 魏英輝.匯改後人民幣匯率波動特性的實證分析[J].改革與戰略,

2009, 25 (4): 84-87.

[48] 吳爽, 賀昌政. 數據分組處理算法和遺傳算法的比較 [J]. 統計與決策, 2007 (5): 11-13.

[49] 吳宗亮, 竇衡. 一種廣義最小二乘支持向量機算法及其應用 [J]. 計算機應用, 2009, 29 (3): 876-879.

[50] 謝春利, 邵誠, 趙丹丹. 一類非線性系統基於最小二乘支持向量機的直接自適應控製 [J]. 控製與決策, 2010, 25 (8): 1261-1264.

[51] 熊志斌. ARIMA 融合神經網路的人民幣匯率預測模型研究 [J]. 數量經濟技術經濟研究, 2011 (6): 64-76.

[52] 嚴太華, 程歡. 1997—2013 年人民幣均衡匯率失調程度的實證研究 [J]. 經濟問題, 2015 (1): 50-54.

[53] 楊長江, 鐘寧樺. 購買力平價與人民幣均衡匯率 [J]. 金融研究, 2012 (1): 36-50.

[54] 楊科, 陳浪南. 股市波動率的短期預測模型和預測精度評價 [J]. 管理科學學報, 2012, 15 (5): 19-31.

[55] 楊楠, 柳預才. 基於分形分析的國際金價波動長記憶性識別與預測研究 [J]. 數理統計與管理, 2013, 32 (5): 931-940.

[56] 楊滌. 匯率分析範式轉換與人民幣匯率問題研究 [J]. 世界經濟研究, 2004 (7): 20-25.

[57] 葉阿忠. 非參數計量經濟聯立模型的變窗寬估計理論 [J]. 管理科學學報, 2004, 7 (1): 30-37.

[58] 易綱. 匯率製度的選擇 [J]. 金融研究, 2000 (9): 46-52.

[59] 餘俊, 方愛麗, 熊文海. 國際股票市場收益的長記憶性比較研究 [J]. 中國管理科學, 2008, 16 (4): 24-29.

[60] 張高勛, 田益祥, 李秋敏. 多元非線性期權定價模型及實證分析 [J]. 系統管理學報, 2014, 23 (2): 200-207.

[61] 張高勛, 田益祥, 李秋敏. 基於 Pair copula 模型的資產組合 VaR 比較研究 [J]. 系統管理學報, 2013, 22 (2): 223-231.

[62] 張高勛, 田益祥, 李秋敏. 基於 Copula-ECM-GARCH 模型的動態最優套期保值比率估計及比較 [J]. 系統工程, 2011 (8): 60-68.

[63] 張高勛, 田益祥, 李秋敏. 基於實物期權的礦產資源定價模型與實證 [J]. 技術經濟, 2013, 32 (2): 65-96.

[64] 張婧屹. 資本帳戶政策對人民幣匯率調整路徑的影響——基於資產組

合平衡模型的理論與數據分析 [J]. 上海金融, 2014 (2): 3-9.

[65] 張俊, 獨知行, 張顯雲. 測量平差雙光滑參數解算半參數模型的研究 [J]. 測繪科學, 2014, 39 (5): 96-98.

[66] 張露. 基於 ERER 理論的人民幣均衡匯率實證研究 [J]. 經濟論壇, 2009 (16): 42-44.

[67] 張世英, 劉菁. 長記憶性時間序列及其預測 [J]. 預測, 1999 (3): 49-50.

[68] 張曉樸. 人民幣均衡匯率研究 [M]. 北京: 中國金融出版社, 2001: 40-78.

[69] 周青, 宋福鐵. 匯率決定理論新研究——相對收入購買力平價理論 [J]. 上海金融, 2006 (11): 49-53.

[70] 周陽, 原雪梅, 範躍進. 事實匯率機制名義錨與匯率製度彈性檢驗——基於人民幣匯率數據的國際比較分析 [J]. 經濟學家, 2012 (8): 34-42.

[71] Ait-Sahalia Y, Fan J, Peng H. Nonparametric transition-based tests for jump diffusions [J]. Journal of the American Statistical Association, 2009, 104 (487): 1102-1116.

[72] Altavilla C, De Grauwe P. Forecasting and combining competing models of exchange rate determination [J]. Applied economics, 2010, 42 (27): 3455-3480.

[73] Anastasakis L, Mort N. Exchange rate forecasting using a combined parametric and nonparametric self-organising modelling approach [J]. Expert systems with applications, 2009, 36 (10): 12001-12011.

[74] Andersen T G, Bollerslev T. Answering the skeptics: Yes, standard volatility models do provide accurate forecasts [J]. International economic review, 1998 (39): 885-905.

[75] Bahram Adrangi, Mary Allender, Arjun Chatrath and Kambiz Raffiee. Nonlinearities and Chaos: Evidence from Exchange Rates [J]. Atlantic Economic Journal, 2010, 38 (2): 247-248.

[76] Barron, R. L. Learning Networks Improve Computer-Aided Prediction and Control [J]. Computer Design, 1975 (8): 65-70.

[77] Baxter M, Stockman A C. Business cycles and the exchange-rate regime: some international evidence [J]. Journal of monetary Economics, 1989, 23 (3): 377-400.

[78] Belloc M, Federici D. A two-country NATREX model for the euro/dollar

[J]. Journal of International Money and Finance, 2010, 29 (2): 315-335.

[79] Beran J, Ghosh S, Sibbertsen P. Nonparametric M-estimation with long-memory errors [J]. Journal of statistical planning and inference, 2003, 117 (2): 199-205.

[80] Bergin P R, Glick R, Wu J L. The micro-macro disconnect of purchasing power parity [J]. Review of Economics and Statistics, 2013, 95 (3): 798-812.

[81] Bickel P J, Lehmann E L. Descriptive statistics for nonparametric models I. Introduction [M]. Selected Works of EL Lehmann. Springer US, 2012: 465-471.

[82] Bollerslev T. Generalized autoregressive conditional heteroskedasticity [J]. Journal of econometrics, 1986, 31 (3): 307-327.

[83] Branson W H. Asset markets and relative prices in exchange rate determination [M]. Princeton Studies in International Finance, Princeton University Press, 1977: 239-251.

[84] Brooks C, Burke S P. Forecasting exchange rate volatility using conditional variance models selected by information criteria [J]. Economics Letters, 1998, 61 (3): 273-278.

[85] Buryan Petr, Godfrey C. Onwubolu. Design of enhanced MIA-GMDH learning networks [J]. International Journal of Systems Science, 2011, 42 (4): 673-693.

[86] Chang J F. Exchange Rate Forecasting with Hybrid Genetic Algorithms [M]. Agent-Based Approaches in Economic and Social Complex Systems VI. Springer Japan, 2011: 47-58.

[87] Clark P B, MacDonald R. Exchange rates and economic fundamentals: a methodological comparison of BEERs and FEERs [M]. Springer Netherlands, 1999: 174-190.

[88] Clark P B, MacDonald R. Filtering the BEER: a permanent and transitory decomposition [J]. Global Finance Journal, 2004, 15 (1): 29-56.

[89] Dornbusch R. Expectations and exchange rate dynamics [J]. The Journal of Political Economy, 1976, 84 (6): 1161-1176.

[90] Dominguez K M. Central bank intervention and exchange rate volatility [J]. Journal of International Money and Finance, 1998, 17 (1): 161-190.

[91] Dufrénot G, Lardic S, Mathieu L, et al. Explaining the European exchange rates deviations: Long memory or non-linear adjustment? [J]. Journal of

International Financial Markets, Institutions and Money, 2008, 18 (3): 207-215.

[92] Ederington L, Guan W. The information frown in option prices [J]. Journal of Banking & Finance, 2005, 29 (6): 1429-1457.

[93] Edwards S. Real exchange rates in the developing countries: Concepts and measure-ment [R]. National Bureau of Economic Research, 1989.

[94] Edwards J R. Regression analysis as an alternative to difference scores [J]. Journal of Management, 1994, 20 (3): 683-689.

[95] Egert B, Halpern L, MacDonald R. Equilibrium Exchange Rates in Transition Economies: Taking Stock of the Issues [J]. Journal of Economic surveys, 2006, 20 (2): 257-324.

[96] Elder IV J F. User's Manual: ASPN: Algorithm for Synthesis of Polynomial Networks [M]. Stanardsville, Virginia, 1985: 69-94.

[97] Engle R F. Autoregressive conditional heteroscedasticity with estimates of the variance of United Kingdom inflation [J]. Econometrica: Journal of the Econometric Society, 1982, 50 (4): 987-1007.

[98] Engle R F, Granger C W J, Rice J, et al. Semiparametric estimates of the relation between weather and electricity sales [J]. Journal of the American statistical Association, 1986, 81 (394): 310-320.

[99] Galton F. Regression towards mediocrity in hereditary stature [J]. Journal of the Anthropological Institute of Great Britain and Ireland, 1886 (15): 246-263.

[100] George Joachim Goschen. The theory of the foreign exchanges [M]. E. Wilson, 1901: 245-293.

[101] Ghosh A. A comparison of exchange rate regime choice in emerging markets with advanced and low income nations for 1999—2011 [J]. International Review of Economics & Finance, 2014 (33): 358-370.

[102] Hansen P R, Lunde A. A forecast comparison of volatility models: does anything beat a GARCH (1, 1)? [J]. Journal of applied econometrics, 2005, 20 (7): 873-889.

[103] Hillebrand E, Schnabl G, Ulu Y. Japanese foreign exchange intervention and the Yen-to-Dollar exchange rate: a simultaneous equations approach using realized volatility. Journal of International Financial Markets, Institutions and Money, 2009, 19 (3): 490-505.

[104] Hoshikawa T. The effect of intervention frequency on the foreign exchange

market: The Japanese experience [J]. Journal of International Money and Finance, 2008, 27 (4): 547-559.

[105] Hsieh D A. Modeling heteroscedasticity in daily foreign-exchange rates [J]. Journal of Business & Economic Statistics, 1989, 7 (3): 307-317.

[106] Hurst H. E. The long-Term Storage Capacity of Reservoirs. Transcactions of the American Society of Civil Engineers, 1951 (116): 87-92.

[107] Husain A M, Mody A, Rogoff K S. Exchange rate regime durability and performance in developing versus advanced economies [J]. Journal of Monetary Economics, 2005, 52 (1): 35-64.

[108] Hwang H S. Fuzzy GMDH-type neural network model and its application to forecasting of mobile communication [J]. Computers & Industrial Engineering, 2006, 50 (4): 450-457.

[109] Ivakhnenko A. G. The group method of data handling-A rival of the method of stochastic approximation. Soviet Automatic Control c/c of Avtomatika, 1968, 13 (3), 43-55.

[110] Ivakhnenko A. G.. An inductive sorting method for the forecasting of multidimensional random processes and events with the help of analogues forecast complex [J]. Pattern Recognition and Image Analysis, 1991, 1 (1): 99-108.

[111] Ivakhnenko A. G., Müller J. A. Problems of Computer Clustering of the Data Sampling of Objects under Study [J]. Automation and Information Sciences, 1991, 24 (1): 58-67.

[112] Ivakhnenko A G, Müller J A. Recent developments of self-organising modeling in prediction and analysis of stock market [J]. Microelectronics Reliability, 1995 (37): 1053-1072.

[113] Jan Luts, Geert Molenberghs, Geert Verbeke, Sabine Van Huffel, Johan A. K. Suykens. A mixed effects least squares support vector machine model for classification of longitudinal data [J]. Computational Statistics and Data Analysis, 2012, 56 (3): 611-628.

[114] Jarque C M, Bera A K. A test for normality of observations and regression residuals [J]. International Statistical Review/Revue Internationale de Statistique, 1987: 163-172.

[115] Jirina Marcel, Marcel Jirina. GMDH Method With Genetic Selection Algorithm And Cloning [J]. Neural Network World, 2013, 5 (13): 451-464.

[116] John Maynard Keynes. A tract on monetary reform [M]. London: Macmillan, 1923: 134-169.

[117] John Maynard Keynes. The Future of the Foreign Exchange [J]. Lloyds Bank Limited: Monthly Review, 1935 (6): 527-535.

[118] John Williamson. The lending policies of the International Monetary Fund [M]. Peterson Institute for International Economics, 1982: 234-251.

[119] Jun J. Friction model and foreign exchange market intervention [J]. International Review of Economics and Finance, 2008, 17 (3): 477-489.

[120] Jussi Nikkinen, Seppo Pynnonen, Mikko Ranta, Sami Vahamaa, Cross-dynamics of exchange rate expectations: a wavelet analysis [J]. International Journal of Finance & Economics, 2011, 16 (3): 205-217.

[121] Khalafalla Ahmed Mohamed Arabi. Estimation of Exchange Rate Volatility via GARCH Model Case Study Sudan (1978-2009) [J]. International Journal of Economics and Finance, 2012, 4 (11): 183-192.

[122] Kouri P J K. The exchange rate and the balance of payments in the short run and in the long run: A monetary approach [J]. The Scandinavian Journal of Economics, 1976, 78 (2): 280-304.

[123] Levich R M. Evidence on financial globalization and crises: interest rate parity [J]. 2011 (8): 1-31.

[124] Loftsgaarden D. O., Quesenberry C. P. A nonparametric estimate of a multivariate density function [J]. The Annals of Mathematical Statistics, 1965, 36 (3): 1049-1051.

[125] Lux T, Marchesi M. Volatility clustering in financial markets: a microsimulation of interacting agents [J]. International Journal of Theoretical and Applied Finance, 2000, 3 (04): 675-702.

[126] M. Alvarez-Diaz and A. Alvarez. Forecasting Exchange Rates Using an Evolutionary Neural Network [J]. Applied Financial Economics Letters, 2007, 3 (1): 5-9.

[127] Mandelbrot, B. B., Wallis, J. R. Robustness of the Rescaled Range R/S in the Measurement of Noncyclic Long-run Statistical Dependence. Water Resour Research, 1969 (5): 967-988.

[128] Marcel Fratzscher. How Successful Are Exchange Rate Communication And Interventions? Evidence From Time-Series And Event-Study Approaches [R].

European Central Bank, 2005.

[129] McKinnon R I, Oates W E. The implications of international economic integration for monetary, fiscal, and exchange-rate policy [M]. International Finance Section, Department of Economics, Princeton University, 1966: 69-103.

[130] Ming-Shiun Pan, Y. Angela Liu. Fractional cointegration, long memory, and exchange rate dynamics. International Review of Economics & Finance, 1999, 8 (3): 305-316.

[131] M. Philippe Jurgensen. Report of the working group on exchange market intervention [M]. US Department of the Treasury, 1983: 120-165.

[132] Muller J A. Self-Organization of Models-Present State [C]. Eurosim, 1995: 1149-1154.

[133] Mussa M. L. The exchange rate, the balance of payments, and monetary policy under a regime of controller floating [J]. Scandinavian International of Economics, 1976, 18 (2): 229-248.

[134] Nadaraya E A. On estimating regression [J]. Theory of Probability & Its Applications, 1964, 9 (1): 141-142.

[135] Nurkse R. Conditions of international monetary equilibrium [M]. International Finance Section, Department of Economics and Social Institutions, Princeton University, 1945: 365-387.

[136] Ohta K, Beall D S, Mejia J P, et al. Genetic improvement of Escherichia coli for ethanol production: chromosomal integration of Zymomonas mobilis genes encoding pyruvate decarboxylase and alcohol dehydrogenase II [J]. Applied and Environmental Microbiology, 1991, 57 (4): 893-900.

[137] Pacelli V, Bevilacqua V, Azzollini M. An artificial neural network model to forecast exchange rates [J]. Journal of Intelligent Learning Systems and Applications, 2011, 3 (2): 57-69.

[138] Poon S H, Granger C W J. Forecasting volatility in financial markets: A review [J]. Journal of economic literature, 2003, 41 (2): 478-539.

[139] Qiumin Li, Yixiang Tian, Gaoxun Zhang. GMDH Modeling Based on Polynomial Spline Estimation and Its Applications [J]. International Journal of Mathematical, Computational, Natural and Physical Engineering, 2013, 7 (3): 268-272.

[140] Qiumin Li, Yixiang Tian, Gaoxun Zhang. The k-nearest neighbour-based GMDH prediction model and its applications [J]. International Journal of Sys-

tems Science, 2014, 45 (11): 2301-2308.

[141] Qiumin Li, Yixiang Tian, Gaoxun Zhang. An Elman Model Based on GMDH Algorithm for Exchange Rate Forecasting [J]. Management Science and Engineering, 2014, 8 (4): 1-6.

[142] Qiumin Li, Yixiang Tian, Gaoxun Zhang. GARCH modelling based on GMDH algorithm and Its Application in Studying Volatility of Exchange Rate [C]. 2014 International Conference on Management and Engineering.

[143] Racine J, Li Q. Nonparametric estimation of regression functions with both categorical and continuous data [J]. Journal of Econometrics, 2004, 119 (1): 99-130.

[144] Ragner Nurkse. Conditions of international monetary equilibrium. Essays in International Finance 4 (Spring) [M]. Princeton University Press, International Finance Section, 1945: 158-179.

[145] R. Cont. Empirical Properties Of Asset Returns: Stylized Facts And Statistical Issues [J]. Quantitative Finance, 2001, 1 (2): 223-236.

[146] Robert Z Aliber. The interest rate parity theorem: A reinterpretation [J]. The Journal of Political Economy, 1973, 81 (6): 1451-1459.

[147] Robinson, Joan. Economics of imperfect competition [M]. 1933: 68-93.

[148] RT Baillie, AA Cecen, C Erkal, YW Han. Measuring non-linearity, long memory and self-similarity in high-frequency European exchange rates. Journal of International Financial Markets, Institutions and Money, 2004, 14 (5): 401-418.

[149] Ruppert D, Wand M P, Carroll R J. Semiparametric regression [M]. Cambridge university press, 2003: 16-24.

[150] Saatcioglu C, Bulut C, Korap H L. Does currency substitution affect exchange rate uncertainty? The case of Turkey [J]. Journal of Qafqaz University, 2013 (2): 133-141.

[151] Shan-Chang Huang, Pei-Ju Chuang, Cheng-Feng Wu. Chaos-based support vector regressions for exchange rate forecasting [J]. Expert Systems with Applications, 2010, 37 (12): 8590-8598.

[152] Silvey T A. 5 An investigation of the relative performance of GARCH models versus simple rules in forecasting volatility [J]. Forecasting volatility in the fi-

nancial markets, 2007 (4): 101-129.

[153] Stein J L. The natural real exchange rate of the United States dollar, and the determinants of capital flows [J]. Fundamental determinants of exchange rates, 1998 (2): 38-85.

[154] Stone C J. Consistent nonparametric regression [J]. Applied Statistics, 1977 (5): 595-635.

[155] Suardi S. Central bank intervention, threshold effects and asymmetric volatility: evidence from the Japanese yen-US dollar foreign exchange market. Economic Modeling, 2008, 25 (4): 628-642.

[156] Suykens J A K, Vandewalle J. Least squares support vector machine classifiers [J]. Neural processing letters, 1999, 9 (3): 293-300.

[157] Taylor, Alan M., and Mark P. Taylor. The purchasing power parity debate [R]. National Bureau of Economic Research, 2004.

[158] T. E. Gregory. Twelve Months of American Dollar Policy [M]. Economica, 1934: 68-87.

[159] Tingwei Quan, Xiaomao Liu, Qian Liu. Weighted least squares support vector machine local region method for nonlinear time series prediction [J]. Applied Soft Computing, 2010, 10 (2): 562-566.

[160] Toshiaki Watanabe, Kimie Harada. Effects of the Bank of Japan's intervention on yen/dollar exchange rate volatility. Journal of the Japanese and international Economies, 2006 (20): 99-111.

[161] Wahba G. Practical approximate solutions to linear operator equations when the data are noisy [J]. SIAM Journal on Numerical Analysis, 1977, 14 (4): 651-667.

[162] Wang Y, Hui X, Soofi A S. Estimating renminbi (RMB) equilibrium exchange rate [J]. Journal of Policy Modeling, 2007, 29 (3): 417-429.

[163] Watson G S. Smooth regression analysis [J]. Sankhyā: The Indian Journal of Statistics, Series A, 1964: 359-372.

[164] Wood, Simon N. Fast stable restricted maximum likelihood and marginal likelihood estimation of semiparametric generalized linear models. Journal of the Royal Statistical Society: Series B (Statistical Methodology), 2011, 73 (1): 3-36.

[165] Y. P. Macks. Local properties of k-NN regression estimates [J]. Society for Industrial and Applied Mathematics, 1981 (2): 311-323.

國家圖書館出版品預行編目(CIP)資料

管理浮動匯率制度下的人民幣匯率趨勢與波動研究 / 李秋敏 著.
-- 第一版. -- 臺北市：崧燁文化，2018.09

面； 公分

ISBN 978-957-681-612-3(平裝)

1.人民幣 2.匯率變動

563.292   107014701

書　　名：管理浮動匯率制度下的人民幣匯率趨勢與波動研究
作　　者：李秋敏 著
發行人：黃振庭
出版者：崧博出版事業有限公司
發行者：崧燁文化事業有限公司
E-mail：sonbookservice@gmail.com
粉絲頁　　　　　網　址：
地　　址：台北市中正區重慶南路一段六十一號八樓815室
8F.-815, No.61, Sec. 1, Chongqing S. Rd., Zhongzheng Dist., Taipei City 100, Taiwan (R.O.C.)
電　　話：(02)2370-3310　傳　真：(02) 2370-3210

總經銷：紅螞蟻圖書有限公司
地　　址：台北市內湖區舊宗路二段121巷19號
電　　話：02-2795-3656　傳真：02-2795-4100　網址：

印　　刷：京峯彩色印刷有限公司（京峰數位）

本書版權為西南財經大學出版社所有授權崧博出版事業有限公司獨家發行電子書繁體字版。若有其他相關權利及授權需求請與本公司聯繫。

定價：250 元
發行日期：2018 年 9 月第一版
◎ 本書以POD印製發行